essentials

essentials liefern aktuelles Wissen in konzentrierter Form. Die Essenz dessen, worauf es als „State-of-the-Art" in der gegenwärtigen Fachdiskussion oder in der Praxis ankommt. *essentials* informieren schnell, unkompliziert und verständlich

- als Einführung in ein aktuelles Thema aus Ihrem Fachgebiet
- als Einstieg in ein für Sie noch unbekanntes Themenfeld
- als Einblick, um zum Thema mitreden zu können

Die Bücher in elektronischer und gedruckter Form bringen das Expertenwissen von Springer-Fachautoren kompakt zur Darstellung. Sie sind besonders für die Nutzung als eBook auf Tablet-PCs, eBook-Readern und Smartphones geeignet. *essentials:* Wissensbausteine aus den Wirtschafts-, Sozial- und Geisteswissenschaften, aus Technik und Naturwissenschaften sowie aus Medizin, Psychologie und Gesundheitsberufen. Von renommierten Autoren aller Springer-Verlagsmarken.

Weitere Bände in der Reihe http://www.springer.com/series/13088

Andrea Hausmann

Kulturtourismusmarketing

Praxis Kulturmanagement

Springer VS

Andrea Hausmann
Institut für Kulturmanagement
Pädagogische Hochschule Ludwigsburg
Ludwigsburg, Deutschland

ISSN 2197-6708   ISSN 2197-6716   (electronic)
essentials
ISBN 978-3-658-27368-2   ISBN 978-3-658-27369-9   (eBook)
https://doi.org/10.1007/978-3-658-27369-9

Die Deutsche Nationalbibliothek verzeichnet diese Publikation in der Deutschen National-
bibliografie; detaillierte bibliografische Daten sind im Internet über http://dnb.d-nb.de abrufbar.

Springer VS ist ein Imprint der eingetragenen Gesellschaft Springer Fachmedien Wiesbaden
GmbH und ist ein Teil von Springer Nature.
Die Anschrift der Gesellschaft ist: Abraham-Lincoln-Str. 46, 65189 Wiesbaden, Germany

Was Sie in diesem *essential* finden können

- Einführung in den Begriff, die Merkmale und die Prinzipien des Kulturtourismusmarketing
- Berücksichtigung der relevanten Leistungsträger im Kulturtourismusmarketing, wie u. a. Kultureinrichtungen, Kulturverwaltungen, Tourismusorganisationen, Destinationen, Beherbergungs- und Gastronomiegewerbe
- Überblick zum Planungs- bzw. Managementprozess des Kulturtourismusmarketing
- Erläuterung zu Zielen als Steuerungsgrößen in der Kulturtourismuspraxis
- Analyse der wichtigsten Strategien in der Kulturtourismuspraxis: Segmentierung, Branding, Innovationen/Digitalisierung und Kooperationen/Netzwerke
- Darstellung des Marketing-Mix mit seinen Besonderheiten im Kulturtourismusmarketing
- Bedeutung des Servicepersonals als Qualitätssurrogat

Inhaltsverzeichnis

Einführung in das Kulturtourismusmarketing

1.1 Begriff und Merkmale

Marketing befasst sich auch im Kulturtourismus mit der Anbahnung und Pflege von *Austauschbeziehungen* auf relevanten Märkten. In diesem Sinne ist Marketing immer dann erfolgreich, wenn die zwei oder mehr am Austausch beteiligten Akteure *jeweils* einen Mehrwert bzw. Nutzen erzielen: Während zwei Kulturtouristen/innen einen unvergesslichen Nachmittag auf der *Biennale di Venezia* erleben, profitiert im Gegenzug eine Vielzahl von kulturtouristischen Leistungsträgern, z. B. durch Erlöse aus Ticketverkauf, City Tax, Transport, Übernachtung, Restaurantbesuch etc. Unter dem Begriff Leistungsträger werden hierbei die auf dem Markt für Kulturtourismus relevanten, in ihren Interessen sehr unterschiedlichen Akteure subsumiert, wie z. B. Kultureinrichtungen, Tourismusorganisationen, Hotellerie, Gastronomie etc. (Freyer 2015, S. 322; Hausmann 2019c, S. 11 ff.). Elementare Voraussetzung für das Zustandekommen eines Austauschs zwischen Nachfrage- und Angebotsseite sind entsprechende Bemühungen aufseiten der kulturtouristischen Leistungsträger, eine aus Nutzersicht entsprechend attraktive Leistung zu konzipieren, vorzuhalten und zu vermarkten. In diesem Zusammenhang wird vorliegendem *essential* ein Marketingverständnis zugrunde gelegt, dass nicht nur eine organisations*externe,* sondern auch eine *-interne* Perspektive berücksichtigt:

© Springer Fachmedien Wiesbaden GmbH, ein Teil von Springer Nature 2019
A. Hausmann, *Kulturtourismusmarketing*, essentials,
https://doi.org/10.1007/978-3-658-27369-9_1

Marketing
Marketing ist eine abteilungsübergreifende Denkhaltung bei kulturtouristischen Leistungsträgern, die darauf abzielt, die marktbezogenen Aktivitäten und innerbetrieblichen Voraussetzungen so auszugestalten, dass Wettbewerbsvorteile geschaffen, Kundennutzen erzeugt und Organisationsziele erreicht werden.

Aus dieser Definition lassen sich charakteristische *Merkmale* und *Prinzipien* des Kulturtourismusmarketing herausarbeiten:

1. *Marketing als Denkhaltung:* Marketing ist nicht ausschließlich ein Funktionsbereich neben anderen bzw. bleibt nicht auf eine Stelle/Abteilung in einer Organisation beschränkt. Wenngleich dort die konkreten Maßnahmen geplant und umgesetzt werden, sollte es ein abteilungsübergreifendes Grundverständnis darüber geben, dass Marketing – konkret die Schaffung von Wettbewerbsvorteilen und Kundennutzen – als *Leitprinzip* alle Aufgabenbereiche berührt, das Handeln gegenüber dem Markt definiert und dabei auch hohen Stellenwert auf der obersten Hierarchieebene (z. B. Geschäftsführung) eines Leistungsträgers genießt.
2. *Marktbezogene Aktivitäten:* Marketing umfasst eine Vielzahl von Maßnahmen, die auf die externen Anspruchsgruppen von kulturtouristischen Leistungsträgern zielen; hierzu gehören v. a. die Touristen/innen, aber z. B. auch die Kooperationspartner, Kulturpolitik und Medien. Diese Maßnahmen umfassen Aktivitäten der Analyse (Umfeld, Wettbewerb, Ressourcen etc.), Planung (Ziele, Strategien), Durchführung (Angebotsgestaltung, Preisfestsetzung etc.) und Implementierung (Organisation, Kontrolle etc.).
3. *Innerbetriebliche Voraussetzungen:* Marketing ist einerseits ein eigenständiger betriebswirtschaftlicher bzw. kulturmanagerialer Funktionsbereich neben anderen, dem entsprechende Ressourcen (Budget, Personal, Handlungskompetenzen etc.) zugeordnet werden (müssen). Da Marketing andererseits, wie ausgeführt, eine interne Denkhaltung ist, muss eine entsprechende Organisationskultur geschaffen und z. B. in einem Leitbild schriftlich verankert werden.
4. *Schaffung von Wettbewerbsvorteilen:* Alle kulturtouristischen Leistungsträger agieren auf einem sehr wettbewerbsintensiven Markt. Um hier erfolgreich bestehen zu können, muss der Fokus des Marketing darauf ausgerichtet sein, aus Sicht der potenziellen Nachfrage „bessere" bzw. „attraktivere" Angebote

zu schaffen. Ziel des Kulturtourismusmarketing ist es daher, dass Nachfrager/innen in ihrer Wahrnehmung und Beurteilung einem bestimmten Angebot den Vorzug gegenüber anderen Angeboten geben, die sie *subjektiv* als Alternativen ansehen. Gelingt dies mit einem Angebot, so verfügt dieses über einen *Wettbewerbsvorteil.* Folgende Arten lassen sich für kulturtouristische Leistungsträger unterscheiden (Meffert et al. 2018, S. 166 ff.; Hausmann 2019b, Kap. 1):

- *Differenzierung:* Der Wettbewerbsvorteil liegt hier z. B. darin, dass ein kulturtouristischer Leistungsträger bzw. seine Angebote qualitativ besser bzw. hochwertiger sind als die der Konkurrenz *(Qualität),* sie mehr den „state of the art" am Markt präsentieren, z. B. durch digitale Formate *(Innovation),* sie markiert sind, d. h. die mit einer Marke typischerweise verbundenen, z. B. emotionalen bzw. symbolischen, Vorteile ermöglichen *(Branding)* und/oder dass die Serviceorientierung bzw. der Kundenkontakt besonders gut ist *(Kundenbeziehung).*
- *Kosten:* Dieser Wettbewerbsvorteil schlägt sich für die kulturtouristische Nachfrage in geringeren Kosten nieder. Es kann sich dabei um direkte finanzielle Vorteile handeln (z. B. Kombitickets für mehrere Leistungsträger, kostenlose Parkplätze, Hotel Specials) oder auch um indirekte finanzielle Vorteile (z. B. einfache Anfahrt für Kulturtouristen/innen aufgrund guter infrastruktureller Anbindung einer Destination).
- *Zeit:* Diese Kategorie bezieht sich u. a. auf die Dauer der Leistungserstellung oder die Reaktionsschnelligkeit bei Anfragen; in der Regel wird es bei beidem darum gehen, dass ein Leistungsträger schneller als andere Problemlösungen für Kulturtouristen/innen anbietet.
- *Verlässlichkeit:* Hier geht es darum, dass ein Leistungsträger sein Angebotsversprechen (sowohl hinsichtlich der Basis- bzw. Kernfunktionen als auch hinsichtlich optionaler Zusatzleistungen) mit höherer Wahrscheinlichkeit als die Wettbewerber einhält (reservierte Ticket sind an der Abendkasse verfügbar, Zimmer kann zur vereinbarten Uhrzeit bezogen werden etc.).

5. *Kundennutzen:* Kundennutzen wird durch eine konsequente Kundenorientierung erreicht, die entsprechend als ein wichtiges Vehikel zur Schaffung von Wettbewerbsvorteilen gilt. Dabei ist noch einmal zu betonen: Die Kunden/innen entscheiden darüber, ob sie durch die Austauschbeziehung einen für sie bedeutsamen Nutzen erzielen. Darin begründet sich auch der Unterschied zwischen der sogenannten *Unique Selling Proposition (USP)* und dem Wettbewerbsvorteil: Die USP zielt auf die *angestrebte* Positionierung einer Leistung anhand eines unverwechselbaren Angebotsmerkmals bzw. einzigartigen

Angebotsnutzens ab. Dieser Nutzen soll einem Leistungsträger zu einer *Alleinstellung* auf dem Markt verhelfen, sein Angebot soll sich hierdurch von anderen Angeboten wesentlich unterscheiden. Eine USP ist ein von einem Anbieter *behaupteter,* also ein potenzieller Wettbewerbsvorteil. Es bleibt dabei noch offen, wie potenzielle Zielgruppen dieses Angebot sehen und bewerten. Der Nachfragesicht trägt erst das Konzept des Wettbewerbsvorteils Rechnung.

6. *Organisationsziele:* Die Planung, Auswahl und Umsetzung konkreter Marketingmaßnahmen bindet knappe Ressourcen. Kulturtourismusmarketing ist daher kein Selbstzweck, sondern soll dazu beitragen, dass die übergeordneten Organisationsziele eines kulturtouristischen Leistungsträgers erreicht werden (z. B. Gewinn, Umsatz, Marktanteil, Kundenbindung/-zufriedenheit, im Fall von Kultureinrichtungen aber z. B. auch gesellschafts- bzw. kulturpolitische Ziele).

## 1.2	Planungsprozess

Als Planungsprozess – synonym: Managementprozess – wird ein integratives Ablaufschema bezeichnet, das dabei hilft, die Marketingaktivitäten kulturtouristischer Leistungsträger zu strukturieren. Der Prozess kann sich sowohl auf die Vermarktung eines Leistungsträgers (z. B. Kultureinrichtung, Destination) als auch auf einzelne Angebote bzw. Angebotspakete beziehen. In der allgemeinen Marketingliteratur finden sich verschiedene Varianten, die sich hinsichtlich der Phasenbezeichnungen und einbezogenen Aktivitäten in Details unterscheiden, die aber im Großen und Ganzen ähnliche Inhalte umfassen (u. a. Meffert et al. 2018, S. 131; Homburg 2017, S. 10). Für die Zwecke dieses *essentials* wird auf den vereinfachten Prozess von Hausmann (2019b, Abschn. 1.3) zurückgegriffen, der sich praxisnah in vier kompakte Phasen mit unterschiedlichen Schwerpunktaktivitäten gliedert:

1. *Informationsbezogene Phase:* Hier findet die Analyse der für einen touristischen Leistungsträger relevanten externen Anspruchsgruppen (Wettbewerber, Kooperationspartner, Touristen/innen etc.) und der internen Situation statt (Ressourcenausstattung: Budget, Personal, touristische Kompetenzen; Organisationsstruktur/-kultur etc.). Typische Instrumente sind die Umwelt- und Konkurrenzanalyse, die Ressourcenanalyse und die Analyse der Nachfrage. Die Informationen, die mit diesen Methoden gewonnen werden, stellen das *Fundament* für die Entscheidungen in den nachfolgenden Phasen dar.

2. *Strategische Phase:* In dieser Planungsphase werden zunächst die (qualitativen und quantitativen) *Ziele* festgelegt, die mit den Marketingmaßnahmen erreicht werden sollen, sowie hierauf aufbauend die *Strategien,* wie hierbei ganz grundsätzlich vorgegangen werden soll (z. B. im Hinblick auf Markenbildung, Innovation, erreichbare Zielgruppen bzw. Kundensegmente oder künftiges Kooperationsverhalten). Durch diese Entscheidungen wird ein längerfristig gültiger *Handlungsrahmen* abgesteckt, der eine verbindliche Grundlage für die in der nächsten Planungsphase vorzunehmende Auswahl konkreter kulturtouristischer Maßnahmen schafft.
3. *Operative Phase:* Im Mittelpunkt steht die ziel- und strategieorientierte Auswahl konkreter Maßnahmen bzw. *Instrumente* aus dem Marketing-Mix (und damit die Beantwortung der Frage, welche Leistungen zu welchen Preisen über welche Kanäle vertrieben und kommuniziert bzw. vermarktet werden sollen) sowie deren Umsetzung in der Praxis.
4. *Implementierungsbezogene Phase:* Diese Phase umfasst zum einen die *Koordination* aller Marketingaktivitäten – entweder bei einem Leistungsträger oder bei Kooperationen auch zwischen verschiedenen Partnern – durch die Schaffung entsprechender organisatorischer Rahmenbedingungen, wie z. B. die Zuordnung von notwendigen Ressourcen und die sachgerechte Anbindung an andere Organisationseinheiten (z. B. mit ähnlich gelagerter Aufgabenstellung). Zum anderen gehört in diese Phase auch die Überprüfung der Wirksamkeit der durchgeführten Marketingmaßnahmen bzw. die *Kontrolle* ihres Beitrags zur Erreichung der vorab festgelegten Ziele. Die hierbei gewonnenen Ergebnisse sind Teil einer *Rückkopplung* und fließen somit in die informationsbezogene Phase des nächsten Planungsprozesses ein.

Auf zwei Punkte ist hinzuweisen: Zum einen kann im Rahmen dieses komprimierten *essentials* nachfolgend nur auf ausgewählte Aktivitäten vertiefend eingegangen werden (ausführlich zu den Phasen im Kultur- bzw. Tourismusmarketing z. B. Hausmann 2019a, b; Freyer 2015). Zum anderen ist der Planungsprozess als idealtypisch zu verstehen, denn in der Praxis werden üblicherweise Aktivitäten aus unterschiedlichen Phasen parallel laufen oder müssen Aktivitäten aus einer theoretisch vor- bzw. nachgelagerten Phase erneut aufgenommen oder vorgezogen werden. Dessen ungeachtet liegt die besondere Stärke des Planungsprozesses darin, dass er klar aufzeigt, was im Praxisalltag von Kultureinrichtungen und anderen Leistungsträgern häufig untergeht: Kulturtourismusmarketing hat im Kern zwei unterschiedliche Ebenen, die zwar eng miteinander verwoben, aber doch getrennt voneinander zu betrachten sind – eine strategisch-konzeptionelle, längerfristig ausgelegte sowie eine operativ-instrumentelle, kurzfristiger ausgerichtete. Diese beiden Ebenen auch im Tagesgeschäft auseinanderzuhalten und regelmäßig innezuhalten, um operative Entscheidungen auf Basis strategischer Vorüberlegungen zu treffen, kann touristische Leistungsträger dabei unterstützen, erfolgreicher und nachhaltiger am Markt zu agieren.

Strategische Entscheidungen im Kulturtourismusmarketing

2

2.1 Festlegung von Zielen

Ziele stellen wichtige *Orientierungs-* und *Steuerungsgrößen* für das Kulturtourismusmarketing dar. Sie enthalten Aussagen über anzustrebende Zustände, die mit entsprechenden Strategien und Maßnahmen erreicht werden sollen, und stellen eine *Entscheidungshilfe* beim Einsatz knapper Ressourcen dar. Es ist für kulturtouristische Leistungsträger sinnvoll, die Zielentwicklung durch schrittweises Vorgehen zu systematisieren (ausführlich Hausmann 2019b, Abschn. 3.1): Auf der obersten Ebene der Zielhierarchie findet sich der übergeordnete *Organisationszweck* eines Leistungsträgers, der häufig kultur- bzw. tourismuspolitisch vorgegeben ist und aufgrund eher allgemeiner Formulierungen nur eine grobe Orientierung bieten kann (vgl. Tab. 2.1). Auf der mittleren Hierarchieebene finden sich die *Funktionsbereichsziele* kulturtouristischer Leistungsträger (z. B. Marketing) und auf der untersten Ebene werden konkrete *Handlungsziele* formuliert, die sich auf einzelne Geschäftsfelder (z. B. Kulturtourismus in einer bestimmten Region oder für bestimmte Zielgruppen) und konkrete Instrumente aus dem Marketing-Mix beziehen (z. B. Social Media im Rahmen der Kommunikationspolitik). Ganz grundsätzlich lassen sich *quantitative* und *qualitative* Marketingziele unterscheiden: Während erstere Kategorie ökonomische Größen enthält, die sich leicht erheben lassen bzw. direkt messbar sind (z. B. über Verkaufsstatistiken), können qualitative Ziele nur indirekt erfasst werden (z. B. über Zufriedenheitsbefragungen von Kulturtouristen/innen).

© Springer Fachmedien Wiesbaden GmbH, ein Teil von Springer Nature 2019 7
A. Hausmann, *Kulturtourismusmarketing,* essentials,
https://doi.org/10.1007/978-3-658-27369-9_2

Tab. 2.1 Zielhierarchie einer Tourismusorganisation

Organisationszweck (TMBW 2019)	Die Tourismus Marketing GmbH Baden-Württemberg (TMBW) ist als Landesmarketingorganisation für die Vermarktung des Urlaubslandes Baden-Württemberg im In- und Ausland zuständig. Mit der Wort-Bild-Marke „Wir sind Süden" wirbt sie für die touristischen Angebote des Bundeslandes und seiner Destinationen. Darüber hinaus versteht sie sich als Dienstleisterin der Touristiker und touristischen Leistungsträger in den Kommunen, Landkreisen und Regionen. Im Zentrum der Marketingaktivitäten stehen die vier Kernthemen Natur, Kultur, Genuss und Wohlsein
Marketingziele (TMBW 2011, S. 10)	*Qualitative* Marketingziele: • Stärkere Profilierung des Tourismus in Baden-Württemberg im Wettbewerb mit den anderen Bundesländern • Professionalisierung und Kommerzialisierung des touristischen Angebotes • Erschließung neuer Kundengruppen durch gezieltes Themen- und Zielgruppenmarketing • Erschließung neuer Absatzkanäle und Marktzugänge über Netzwerke und Marketingpartnerschaften
	Quantitative Marketingziele: • Steigerung der touristischen Nachfrage bei Gästeankünften und Übernachtungen • Erhöhung der Umsätze, der Wertschöpfung und der Kapazitätsauslastung bei den touristischen Leistungsträgern • Steigerung der ausländischen Übernachtungsgäste, insbesondere in den Segmenten mit hoher Wertschöpfung

Ein typisches Problem in der Praxis ist, dass die Zielformulierung häufig vage bleibt; dies erschwert nicht nur die Nutzung von Zielen zur Steuerung von Aktivitäten und Ressourcen, sondern auch die Überprüfung der Zielerreichung. Es kann daher sinnvoll sein, Ziele unter Berücksichtigung des *SMART-Prinzips* zu formulieren, das folgende Anforderungen stellt:

- Ein Ziel ist klar und eindeutig formuliert („*s*pecific"),
- im Anschluss an die Durchführung einer Maßnahme messbar („*m*easurable"),
- durch entsprechende Marketingmaßnahmen tatsächlich erreichbar („*a*chievable"),
- im Hinblick auf die Erreichung des übergeordneten Organisationszwecks für einen kulturtouristischen Leistungsträger bedeutsam („*r*elevant") und
- verfügt über eine klare Zeitbezogenheit („*t*ime-bound").

2.2 Ableitung von Strategien

Als Strategie wird ein langfristiger Verhaltensplan bezeichnet, der sich an den zuvor festgelegten Zielen orientiert und den grundsätzlichen Handlungsrahmen zur Erreichung dieser Ziele absteckt. Er dient als verbindliche Grundlage für die in der nächsten Planungsphase vorzunehmende Auswahl konkreter kulturtouristischer Maßnahmen. Strategien sind also das *Bindeglied* zwischen Marketingzielen einerseits und Marketinginstrumenten andererseits. In der allgemeinen Marketingliteratur finden sich verschiedene Ansätze zur Systematisierung von Strategien (u. a. Meffert et al. 2018, S. 157 ff.; Homburg 2017, S. 119 ff.). Eine praxisorientierte Strukturierung relevanter Strategien im Kulturtourismusmarketing ergibt sich aus Entscheidungen eines Leistungsträgers in folgenden Bereichen:

- welche *Teilmärkte* des Gesamtmarkts für Kulturtourismus (z. B. im Hinblick auf Regionen, Typen der Nachfrage) mit welchen Angeboten bzw. mit welcher Problemlösungskompetenz bearbeitet werden sollen,
- welche *Wettbewerbsvorteile* geschaffen werden sollen (z. B. Qualität, Marke, Innovation, Kosten) und
- wie sich gegenüber den anderen *Marktteilnehmern* verhalten werden soll (z. B. Kooperationen, Relationship Marketing, Marketinginstrumente).

Aufgrund der komprimierten Darstellung in den *essentials* werden nachfolgend jene Strategien fokussiert, die in der Praxis des Kulturtourismus traditionell eine besonders wichtige Rolle spielen (u. a. NRW Tourismus 2018, 2019; TMBW 2011; TMB 2013): Hierzu gehört die Befassung mit relevanten Typen der Nachfrage (Segmentierung), geeigneten Möglichkeiten zur Differenzierung gegenüber dem Wettbewerb (Markenführung und Innovationen) und dem Verhalten gegenüber dem Wettbewerb (Kooperationen).

2.2.1 Segmentierung

Unter Segmentierung wird die *kriteriengeleitete* Aufteilung eines *heterogenen* Gesamtmarkts in bezüglich ihrer Reaktion auf bestimmte Marketingmaßnahmen *homogene* Teilmärkte bzw. Marktsegmente verstanden. Ziel ist es, die unterschiedlichen Bedürfnisse und Erwartungen von Zielgruppen besser zu adressieren, sie dadurch leichter zu gewinnen und zufriedenzustellen (sowie ggf.

zu binden), hierdurch u. U. höhere Einnahmen zu erzielen und insgesamt Vorteile gegenüber dem Wettbewerb aufzubauen. Zusammenfassend soll zwischen Angebot und Nachfrage(segmenten) eine stärkere Kongruenz hergestellt werden als wenn der Gesamtmarkt undifferenziert bearbeitet würde. Typische Kriterien des Marketing, die sich im Kulturtourismus eignen, sind:

- *Soziodemografische* und *geografische* Kriterien, wie z. B. Alter, Geschlecht, Familienstand, Beruf, Nationalität, Einkommen; Wohnort der Kulturtouristen/innen,
- *Psychografische* Kriterien, wie z. B. die Ausprägung des Interesses an Kultur (Kultur als Lebensstil im Alltag, auf Reisen) oder die Einstellung zu Kultur.
- *Verhaltens- und nutzenorientierte* Kriterien, wie z. B. die Bedeutung von Kultur als Besuchsanlass bzw. Reisemotiv (Haupt-/Nebenmotiv), die Art der Vorkenntnisse (z. B. ausgewiesene Kenner einer Sparte, Generalisten), der Gästestatus (z. B. Tages-/Übernachtungsgäste, Gruppen-/Individualreisende, inländische/ausländische Gäste), die Markentreue (z. B. Stamm- vs. Einmalgäste), die Nutzenvorstellungen (z. B. Bildung, Edutainment, Image, Einzel-/Paketleistungen), die Qualitätsvorstellungen (bei den Kernleistungen, aber auch bei Inanspruchnahme von Komplementärangeboten, wie z. B. aus dem Bereich Vermittlung), das Informations- bzw. Mediennutzungsverhalten (online, offline etc.) und das Preisverhalten (z. B. Preisbereitschaft).

Besondere Bedeutung für die Typologisierung der Nachfrage im Kulturtourismus haben die Kriterien „Bedeutung von Kultur als Reiseanlass" (u. a. Richards 2003; duCros und McKercher 2015), „Gästestatus" (u. a. DTV 2006; Pröbstle 2016) und „Art der Vorkenntnisse" (u. a. TMB 2011). Sie bilden in Analysen und Konzepten häufig die erste Segmentierungsebene, bevor auf weiteren Ebenen zusätzliche Kriterien einbezogen werden, um durch die Kombination mehrerer Kriterien die Zielgruppen möglichst konkret beschreiben/abgrenzen zu können (Hausmann 2019c, S. 29 f.).

Zielgruppe Nah-Tourist in der Region Stuttgart
„Die Nah-Touristen sind reiseerfahren, überwiegend im Alter ab 40 Jahre. Sie sind sehr interessiert und erleben die Angebote sehr bewusst. Sie besitzen bereits ein sehr gutes Wissen über die Region, das sie immer wieder vertiefen möchten. Es sind Menschen die bereit sind, 1 bis 1,5 Stunden Anfahrtszeit auf sich zu nehmen. Auf der anderen Seite fordern sie auch, dass sie vor Ort mindestens 2,5 Stunden Programm angeboten bekommen.

Das ist ein besonders wichtiger Punkt: Denn wenn eine Kultureinrichtung am Rande unserer Region liegt und nur ein Ausstellungsvolumen von einer Stunde hat, wird es sehr schwierig, Nah-Touristen dorthin zu locken. Das heißt, sie benötigen andere touristische Angebote wie Gastronomie zur Ergänzung des Tagesprogramms. Das klingt banal. Aber solche Erkenntnisse helfen den Einrichtungen, neue Perspektiven zu entwickeln" (Dellnitz 2016, S. 23).

Die spezifischen Charakteristika unterschiedlicher Teilmärkte bilden also den Ausgangspunkt für die Ableitung konkreter Marketingmaßnahmen, z. B. im Rahmen der Angebotsgestaltung (Dauer, Tageszeit, erforderliche Vorkenntnisse etc.), der Preisgestaltung (Premiumpreise, Rabattierungen etc.) oder der Gestaltung von Kommunikationsmaßnahmen (Sprachstil, Informationsbreite/-tiefe etc.). In Tab. 2.2 soll am Beispiel eines einfachen Zielgruppenmodells veranschaulicht werden, wie die Bildung mehrerer Segmente dabei helfen kann, zielgruppenspezifische Schwerpunkte im Marketing zu setzen.

Es ist leicht nachvollziehbar, dass ein solches segmentspezifisches Vorgehen, v. a. wenn noch komplexere Typologien zugrunde gelegt werden, grundsätzlich ressourcenintensiv ist (Hausmann 2019c, S. 31). Dies ist gerade auch für Kultureinrichtungen mit knappen Ressourcen und touristische Leistungträger außerhalb der urbanen Zentren relevant. Es gelten daher folgende Maßgaben für ein segmentspezifisches Vorgehen:

- *Kaufverhaltensrelevanz:* Das herangezogene Segmentierungskriterium (z. B. Wohnort) stellt eine Voraussetzung für die Nutzung eines bestimmten kulturtouristischen Angebots dar.
- *Erreichbarkeit:* die über ein Segmentierungskriterium identifizierten Zielgruppen (z. B. Tages-touristen/innen) sind mit bestimmten Maßnahmen gezielt ansprechbar.
- *Wirtschaftlichkeit:* der sich aus der Segmentierung und differenzierten Zielgruppenansprache ergebende Nutzen (z. B. Einnahmen aus Tagestourismus) ist größer als die durch die Entwicklung segmentspezifischer Marketingmaßnahmen (z. B. Druckkosten für Plakate, Social Media-Aktivitäten) entstehenden Kosten.
- *Dauerhaftigkeit:* das gebildete Segment ist über einen längerfristigen Planungszeitraum stabil.

Tab. 2.2 Segmentspezifische Bearbeitung und Maßnahmenschwerpunkte

Segment	Kulturtouristen/innen i. e. S.	Gelegenheitskulturtouristen/innen	Zufallskulturtouristen/innen
Merkmale	Kultur ist der Hauptanlass für eine Reise, es werden in der Regel mehrere Kulturangebote in Anspruch genommen	Kultur ist nicht der Hauptreiseanlass, es werden vielmehr unterschiedliche Anlässe (Wandern, Shopping etc.) verbunden	Eigentlich aufgrund eines anderen Reisemotivs „on tour", Kulturnutzung erfolgt eher zufällig, z. B. wetterbedingt
Schwerpunkte im Kulturtourismus-marketing	• Inhaltlich anspruchsvolle, komplexe Leistungsbündel mit Partnern der gleichen und/oder unterschiedlicher Wertschöpfungsstufe(n) • Thematische Klammer für die Einzelleistungen • Fokus auf Wissenserwerb, Bildung und den „besonderen Moment" • Markenführung und hohes Qualitäts-management • Premiumpreise für einzigartige Angebote (z. B. „meet the curator") • Überregionale Kommunikation und Distribution	• Angebote mit Fokus Edutainment und leichter Nutz- bzw. Konsumierbarkeit • Ermöglichung von „Momentaufnahmen"; Fokus auf kulturelle „must see" • Preisdifferenzierung (v. a. Kombitickets/Rabatte) • Gute Präsenz/Sichtbarkeit in der Destination (z. B. Museumsfahnen) • Gute Ausschilderung (Wegeleitsystem) • lokale/regionale Kommunikation und Distribution	• Gute Präsenz/Sichtbarkeit in der Destination (z. B. Museumsfahnen) • Gute Ausschilderung (Wegeleitsystem) • Zugänglichkeit („Offenheit" des Eingangsbereichs, freundliches Besucher-kontaktpersonal etc.) • Angebote mit Fokus Edutainment und leichter Nutz- bzw. Konsumierbarkeit • Preisdifferenzierung (Rabatte etc.) • lokale/regionale Kommunikation und Distribution

2.2.2 Markenführung

Eine strategische Option zur Schaffung von Wettbewerbsvorteilen ist der Aufbau von Marken. Wie die Kulturtourismusstudie 2018 belegt, ist dies auch im Kulturtourismus ein virulentes Thema. Auf die Frage, wo sie dringlichen Handlungsbedarf sehen, antworteten die Tourismusorganisationen und Kulturakteure unisono, dass dies die „gemeinsame Verständigung auf eine Profilierung des Reiseziels" sei (Burzinski 2018, S. 16 f.). Um das zu erreichen, ist eine Marke mit starker Identität aufzubauen. Unter Marken bzw. Brands werden dabei *Vorstellungsbilder* verstanden, die im Bewusstsein relevanter Anspruchsgruppen (hier: Kulturtouristen/innen) verankert sind und ihr Wahlverhalten innerhalb eines Wettbewerbsumfelds prägen (Esch 2014, S. 22). Eine starke Marke repräsentiert eine Art „Persönlichkeit" mit einem klar erkennbaren, unterscheidbaren Charakter, sie steht für Kompetenz und das Einhalten von Versprechen. Mit Blick auf die touristische Nachfrage verfügen Marken über folgende *Funktionen* (Homburg 2017, S. 624 f.; Hausmann 2019b, Kap. 3).

- Marken dienen als *Orientierungshilfe* bei der Auswahl kulturtouristischer Leistungsträger, weil sie eine schnellere Aufnahme und Verarbeitung von Informationen ermöglichen.
- Marken senden ein *Signal* für eine bestimmte (konstante) *Angebotsqualität* und tragen so dazu bei, die Qualitätsunsicherheit und das wahrgenommene (Kauf-)Risiko zu reduzieren.
- Marken bieten *emotionale Zusatzreize* (Erlebnis-/Image-/Prestigewert); sie ermöglichen Identifizierung und Selbstdarstellung (Individualität, Gruppenzugehörigkeit, sozialer Status etc.).

Die Markenführung – auch: Branding oder Markenmanagement – umfasst alle Maßnahmen zum Aufbau und zur Weiterentwicklung einer Marke, die mit dem Ziel ergriffen werden, ein kulturtouristisches Angebot aus einer Fülle gleichartiger Angebote herauszuheben und eine eindeutige Zuordnung von Angebotsteilleistungen zu einer bestimmten Marke zu ermöglichen. Hierzu besonders geeignet ist die *identitätsbasierte* Markenführung, die das *Selbstbild* eines touristischen Leistungsträgers (Markenidentität) mit dem *Fremdbild* der touristischen Nachfrage (Markenimage) zu einer möglichst großen Übereinstimmung bringen will (Esch 2014, S. 329). Zu den wichtigsten Aktivitäten der Markenführung gehören:

1. *Markenpositionierung:* Hier geht es darum, Entscheidungen zu treffen, wie die eigene Marke in der Wahrnehmung der kulturtouristischen Nachfrage als möglichst eindeutig und unverwechselbar gegenüber Wettbewerbsmarken verankert werden kann (vgl. Tab. 2.3). Dabei gilt: Je einzigartiger die Positionierung ist, desto weniger austauschbar ist das markierte Angebot aus Sicht der Kulturtouristen/innen.

Tab. 2.3 Dimensionen der Markenpositionierung

	Fragestellung	Beispiele	Tourismuspraxis
Markenkern/ -kompetenz	Wer ist die Marke?	Zentrale Marken-assets: touristische Infrastruktur, Wetter, kulturelle Leuchttürme, Tourismushistorie, Bedeutung der Marke im Tourismusmarkt etc.	„Nordrhein-Westfalen ist das Reiseland für aufgeschlossene Entdecker, die Urlaubserlebnisse jenseits der klassischen Sehnsuchtsziele suchen. Wir setzen auf Spannungen, die durch Brüche, Kontraste und Transformationen entstehen." (Tourismus NRW 2019, S. 2)
Markenbild	Wie tritt die Marke auf?	Wortmarke, Buchstabenmarke, Bildmarke, kombinierte Marke	DEIN NORDRHEIN-WESTFALEN (Wortmarke für das Reiseland NRW); WIR SIND SÜDEN. Baden-Württemberg (Wort-/Bild-Marke mit den Stauferlöwen für das Reiseland BW) (Stand Mai 2019)
Markennutzen	Was bietet die Marke konkret?	Funktionaler und/ oder emotionaler Nutzen: attraktive „packages", Preis-/Leistungsverhältnis, Servicequalität, Barrierefreiheit, kulturelle/regionale Stereotype etc.	Schwarzwald herz.erfrischend.echt: KONUS-Gästekarte für den Nahverkehr, SchwarzwaldCard für freie Eintritte, Ferienstraßen zu den berühmtesten Sehenswürdigkeiten, nachhaltige Reiseangebote, Qualitätsauszeichnungen für einzelne Angebote, Projekt „Schwarzwald barrierefrei erleben" (Stand Mai 2019)
Markenpersönlichkeit/ -werte/ -eigenschaften	Wie ist die Marke?	Authentisch, vielseitig, ehrlich, sympathisch, bunt, zuverlässig, frei, exklusiv, bodenständig, natürlich etc.	DEIN NORDRHEIN-WESTFALEN: „authentisch", „kraftvoll", „überraschend" (Tourismus NRW 2019, S. 2); BRANDENBURG: „kultiviert", „natürlich", „beruhigend" (TMB 2013, S. 18)

2. *Markenarchitektur:* Die Markenarchitektur – auch: das Markensystem – informiert über die Anordnung der Marken, insbesondere über die Rollen der einzelnen Marken und ihre Beziehungen zueinander. Folgende strategische Optionen stehen zur Verfügung:
   - *Einzel- bzw. Produktmarkenstrategie:* Jedes Produkt eines Leistungsträgers (z. B. Destination) wird unter einer *eigenen* Marke (z. B. Museum, Theater, Themenpark) angeboten; die übergeordnete Marke tritt in den Hintergrund. Diese Strategie bietet sich an, wenn die Einzelmarken sehr stark und/oder sehr unterschiedlich positioniert sind.
   - *Dachmarkenstrategie:* Bei dieser Variante werden die Leistungen unter *einer* Marke angeboten. Die Dachmarke stellt die übergeordnete Marke im Markensystem dar, die die Einzel- bzw. Produktmarken unter einem Namen zusammenfasst. Die Dachmarke bewirbt i. d. R. keine eigenen Leistungen, sondern bezieht sich auf die Einzel- bzw. Produktmarken. Wie Tab. 2.4 zeigt, sind Dachmarken sowohl bei Leistungsträgern aus der Kultur als auch dem Tourismus zu finden.

Tab. 2.4 Dach- und Einzelmarken im Kulturtourismus

Staatliche Kunstsammlungen Dresden	Nordrhein-Westfalen
Dachmarke	**Dachmarke**
Unter der Dachmarke *Staatliche Kunstsammlungen Dresden* werden 15 eigenständige Museen und vier Institutionen zusammen-gefasst, die gemeinsam einen der ältesten, größten und bedeutendsten Museumsverbünde der Welt darstellen. In 2018 wurde eine neue Wort-/Bild-Marke mit dem Ziel kreiert, eine visuelle Klammer für den Verbund schaffen	Die Dachmarke DEIN NORDRHEIN-WEST-FALEN steht als verbindende Klammer für das Reiseland NRW mit seinen touristischen Regionen und Leistungsträgern. Die Dachmarke bezieht sich auf sieben Einzel- bzw. Produkt-marken, die mit jeweils unterschiedlicher Aus-richtung für Urlaub in NRW stehen (Tourismus NRW 2019, S. 2)

(Fortsetzung)

Tab. 2.4 (Fortsetzung)

Staatliche Kunstsammlungen Dresden	Nordrhein-Westfalen
Einzel- bzw. Produktmarken	**Einzel- bzw. Produktmarken**
1. Residenzschloss (Grünes Gewölbe, Münzkabinett, Kupferstich-Kabinett, Rüstkammer) 2. Zwinger mit Semperbau (Gemäldegalerie Alte Meister, Porzellansammlung, Mathematisch-Physikalischer Salon) 3. Albertinum (Galerie Neue Meister, Skulpturensammlung) 4. Kunsthalle im Lipsiusbau 5. Jägerhof 6. Japanisches Palais 7. Schloss Pillnitz 8. GRASSI Museum Leipzig 9. Völkerkundemuseum Herrnhut 10. (www.skd.museum/ueber-uns/corporate-design/, April 2019)	1. *Dein NRW Kultur:* steht für die Kulturhighlights von internationalem Interesse; Hauptzielgruppe: erwachsene Paare und aktive Best Ager 2. *Dein NRW Aktiv:* Im Fokus stehen Wandern und Radfahren; Hauptzielgruppen sind erwachsene Paare, aktive Best Ager, junge Singles; auch: niederländischer und flämischer Markt 3. *Dein NRW Genuss:* Im Mittelpunkt stehen regionale kulinarische Besonderheiten (u. a. Bierportal) 4. *Dein NRW Natur:* ist die jüngste Produktmarke und soll den Naturtourismus im Land fördern (v. a. Nationalpark Eifel) 5. *Dein NRW Gesund:* bezieht sich auf Prävention/Lifestyle und Medizintourismus; Hauptzielgruppen: LOHAS (Lifestyle of Health and Sustainability), Menschen mit Vorerkrank-ungen; auch: Auslandsmärkte Russland und arabische Golfstaaten 6. *Dein NRW Städte:* Im Fokus steht der urbane Raum in NRW, insbesondere ausgefallene Architektur, Shopping und Gastronomie; Hauptzielgruppe: erwachsene Paare 7. *Dein NRW Business:* bezieht sich auf NRW als Geschäftsreise-/Meetings-/Tagungsdestination; Hauptzielgruppe: Entscheider in der Tagungsbranche (www.touristiker-nrw.de/landesmarketing/produktmarken, Mai 2019)

2.2.3 Innovation

Eine weitere Möglichkeit, sich vom Wettbewerb abzuheben, bieten Innovationen. Im Tourismus spielt diesbezüglich die *Digitalisierung* bzw. der Einsatz von Informations- und Kommunikationstechnologien (IKT; alternativ: IuK) eine große Rolle: „In recent years, digitalization has drastically transformed the tourism sector, revolutionizing the way we travel and along with it nearly every aspect of business operations. The increased use of social media, big data, artificial intelligence and predictive analytics provide powerful tools for improving the quality of the sector through greater accuracy, strategic insight and better engagement with the traveler" (UNWTO 2019a sowie auch Freyer 2015, S. xv). Die Digitalisierungsstrategie eines touristischen Leistungsträgers zielt entsprechend darauf ab, mithilfe von IKT Wettbewerbsvorteile aufzubauen, die von der (potenziellen) Nachfrage auch als solche wahrgenommen und beurteilt werden; sie löst im operativen Marketing Aktivitäten in allen Bereichen des Marketing-Mix aus.

IKT sind ein Oberbegriff für die Gesamtheit der Hard- und Software (Endgeräte, Dienste bzw. Anwendungen), mit der sich Informationen speichern, verarbeiten und austauschen lassen. Zu den für die kulturtouristische Nachfrage besonders wichtigen IKT gehören u. a. (mobile) Websites, Social Media, Apps, QR-Codes, Multimediastationen, virtuelle Rundgänge und Augmented Reality (Hausmann und Weuster 2017, S. 2). Die genannten Beispiele stehen exemplarisch dafür, wie unterschiedlich IKT im Hinblick auf ihre technischen Voraussetzungen, ihren Anwendungsschwerpunkt, ihre Möglichkeiten zur Interaktion und Partizipation etc. sein können. Aus den Forschungsaktivitäten am *Institut für Kulturmanagement* der PH Ludwigsburg haben sich folgende Kategorien für die Zwecke des Kulturtourismusmarketing herauskristallisiert, die aufgrund des breiten Einsatzspektrums der meisten IKT und ihrer Konnektivität untereinander allerdings nicht überschneidungsfrei sein können (Hausmann 2018, S. 3; Hausmann und Schuhbauer 2019, S. 3 ff.):

- IKT mit einem Fokus auf der *Informationsbeschaffung,* d. h. IKT, die von der kulturtouristischen Nachfrage in erster Linie genutzt werden, um sich über das Angebot, die Service- und Qualitätsmerkmale etc. der Leistungsträger zu informieren; dies inkludiert Basisservices, wie z. B. Online-Anmeldung (z. B. Führungen) oder Online-Buchung (z. B. Tickets, Zimmer). Empirische Studien zeigen, dass in dieser Kategorie die Website das über alle Altersgruppen hinweg mit Abstand am häufigsten genutzte Instrument im (Kultur-)Tourismus ist.
- IKT mit einem Fokus auf der *Interaktion* mit Leistungsträgern und/oder Dritten (v. a. anderen Kulturtouristen/innen), die von der Nachfrage in erster Linie dazu genutzt werden, um einen persönlichen Kontakt zu den Leistungsträgern herzustellen und/oder sich mit anderen über Service- und Qualitätserfahrungen auszutauschen. Zu den in dieser Kategorie am meisten genutzten Instrumenten gehören Reiseportale, Facebook, YouTube und Instagram; Twitter hat im deutschsprachigen Kulturtourismus dagegen keine nennenswerte Bedeutung.
- IKT mit einem Fokus auf der *ortsunabhängigen, virtuellen Beschäftigung* mit Objekten. Dies umfasst Anwendungen, die von der kulturtouristischen Nachfrage vorrangig dazu genutzt werden, sich unabhängig von den Öffnungszeiten, dem Standort etc. eines Leistungsträgers mit dem zu beschäftigen, was vor Ort zu sehen ist, häufig zur Vorbereitung auf einen späteren „realen" Besuch (Online-Sammlungen, virtuelle Rundgänge etc.).
- IKT mit einem Fokus auf der *ortsgebundenen, individuellen Erlebnisanreicherung* des Besuchs, d. h. IKT, die von Kulturtouristen/innen dazu genutzt werden, um während des Besuchs zusätzliche, weiterführende und/oder multimedial aufbereitete Informationen heranzuziehen und die Erlebnisqualität vor Ort zu erhöhen (z. B. Multimediastationen, Audio Guides, Augmented Reality).

Tab. 2.5 Formate der Vermittlung (Mehrfachantworten; Burzinski et al. 2018, S. 14)

Traditionelle Formate	Digitale Formate
• Überblicksführungen (77,9 %) • Themenführungen (z. B. Epoche, Person) (71,7 %) • Sonderführungen (z. B. „Nachts im Museum") (54,0 %) • Workshops (45,3 %) • Audioguides (34,4 %)	• Mitmach-/Multimedia-stationen (29,3 %) • Apps/QR-Codes (18,1 %)

Wie die Kulturtourismusstudie 2018 empirisch belegt, hinken die Leistungsträger im Markt für Kulturtourismus allerdings noch deutlich der allgemeinen Entwicklung hinterher (Burzinski et al. 2018, S. 14 und 16). So zeigt sich beispielsweise für die Produktpolitik bzw. konkret für Leistungen im für den Kulturtourismus so wichtigen Bereich der Vermittlung, dass die Kultureinrichtungen bislang v. a. auf traditionelle, „offline" Formate setzen und weniger auf solche, die mittels neuer, digitaler Herangehensweisen „Edutainment" und Experimentierfreude ermöglichen (Tab. 2.5); ganz ähnlich sieht es in der Vertriebs- und Kommunikationspolitik aus (Abschn. 3.3 und 3.4).

Die Forschungsarbeiten am *Institut für Kulturmanagement* der PH Ludwigsburg belegen dabei, dass dies umso bedauerlich ist, als IKT für den Kulturtourismus in allen drei Phasen der *Customer Journey* (Hausmann 2019c, S. 35 f.) vielfältige Marketingpotenziale bieten (Hausmann und Schuhbauer 2019, S. 3 ff.). Die in Tab. 2.6 vorgenommene Reihung orientiert sich an einer annahmegemäßen Wichtigkeit einer Kategorie in der jeweiligen Reisephase und ist als exemplarisch zu verstehen, da sie immer auch von den konkreten Merkmalen eines/r Nutzers/in abhängt (z. B. Alter, Wohnort, Vorerfahrungen).

Angesichts der großen, im Kulturtourismusmarketing aber bislang wenig genutzten Potenziale kann zumindest zuversichtlich stimmen, dass sich die Kultureinrichtungen ihrer Defizite bewusst sind. So stimmen deutlich über zwei Drittel (73 %) der in der Kulturtourismusstudie 2018 einbezogenen Kultureinrichtungen folgender Aussage zu: „Die Pflege von Internetplattformen und sozialen Netzwerken ist unbedingt erforderlich, um das Informationsverhalten der Besucher adäquat zu bedienen" (Burzinski 2018, S. 38). Dass die Kultureinrichtungen jedoch noch nicht so weit sind, wird von ihnen in erster Linie mit den internen Voraussetzungen begründet. Jede/r zweite der Befragten (55,1 %) gibt diesbezüglich an: „Wir würden die digitalen Möglichkeiten gerne viel stärker nutzen, es fehlen uns jedoch Personal und Know-how" (Burzinski 2018, S. 38). Dieses Wollen, aber nicht Können belegt auch eine am *Institut*

Tab. 2.6 IKT im Rahmen der Customer Journey

Phase	Online-Schwerpunktaktivitäten auf der Nachfrageseite	Typen von genutzten IKT
Vor der Reise	Suche nach Informationen, Einschätzung/Einstimmung, Planung, Reservierung, Buchung bzw. Kauf	IKT zur Informationsbeschaffung; IKT zur Interaktion mit den kulturtouristischen Leistungsträgern und/oder Dritten; IKT zur ortsunabhängigen, virtuellen Beschäftigung mit Objekten
Während der Reise	Orientierung vor Ort, Suche nach Detailinformationen, Aktivitäten der (Neu- bzw. Um-)Planung, Angebotsnutzung, Erlebnisse mit anderen teilen, Kontakt mit den Leistungsträgern aufnehmen	IKT zur Informationsbeschaffung; IKT zur ortsgebundenen, individuellen Erlebnisanreicherung des Besuchs; IKT zur Interaktion mit den kulturtouristischen Leistungsträgern und/oder Dritten
Nach der Reise	Erlebnisse mit anderen teilen, Kontakt mit dem Leistungsträger aufnehmen, Reise- bzw. Besuchserlebnis nachbereiten	IKT zur Interaktion mit den kulturtouristischen Leistungsträgern und/oder Dritten; IKT zur ortsunabhängigen, virtuellen Beschäftigung mit Objekten; IKT zur Informationsbeschaffung

für Kulturmanagement der PH Ludwigsburg durchgeführte Interviewstudie mit Praktikern aus dem Kulturerbe/-tourismusmanagement (Hausmann und Weuster 2017, S. 4 ff.). Dennoch ist die fehlende Ressourcenausstattung nur eine unter mehreren notwendigen Voraussetzungen für eine erfolgreiche Digitalisierungsstrategie; zu den anderen gehören:

- *Zielgruppenkenntnis:* IKT werden von zunehmend mehr Kulturtouristen/innen im Rahmen ihres Ausflugs bzw. ihrer Reise genutzt. Allerdings finden sich zielgruppenspezifische Unterschiede im Hinblick darauf, welche IKT in welcher Reisephase und in welchem Umfang genutzt werden. Vor allem das Alter, aber z. B. auch die Tatsache, ob es sich um Erst- oder Stammbesucher/innen handelt, spielt hier eine wesentliche Rolle: Während z. B. Ältere IKT in erster Linie zur Informationsbeschaffung in Anspruch nehmen, werden die IKT von Jüngeren v. a. zur Interaktion genutzt (Hausmann 2018, S. 21).

Gründe für die Nutzung der IKT von Kultureinrichtungen
In einer Befragung von Besucher/innen des *UNESCO Weltkulturerbes Zeche Zollverein* zeigte sich, dass IKT aus unterschiedlichen *Gründen* genutzt werden (Hausmann 2018, S. 17 f.):

- In erster Linie wurden IKT von den Befragten genutzt, um Informationen zu erhalten (86 %), den Besuch besser planen zu können (77 %) und das Kulturangebot besser zu verstehen (60 %).
- Für jeweils rund die Hälfte der Probanden trafen die Aussagen zu, dass durch IKT jederzeit Zugang zu Kultureinrichtungen möglich wird (54 %), sie selbst aktiv sein (50 %) und einfacher mit den Einrichtungen kommunizieren können (49 %), das Kulturangebot durch IKT unterhaltsamer wird (48 %) und sich Räume bzw. Objekte dadurch besser betrachten lassen (44 %).
- Rund jeder Dritte der Befragten (36 %) nutzte IKT, um den Kulturbesuch auf spielerische Weise zu erleben; weniger als ein Viertel der Probanden aus dem Sample nutzte IKT, um den eigenen Kulturbesuch mit anderen zu teilen (24 %).

- *Organisationskultur:* Für den erfolgreichen Einsatz von IKT ist eine entsprechende Organisationskultur notwendig, die von der Führung „top down" gelebt (und von den Beschäftigten „bottom up" beantwortet) werden muss. So sollte in den verschiedenen Fachbereichen eines Leistungsträgers einerseits innovatives Handeln (und damit die Offenheit bzw. der Mut für Veränderungen) gefördert werden. Andererseits sollte eine „Fehlerkultur" dazu beitragen, dass Neues gewagt und aus Fehlschlägen gelernt wird.
- *Organisationsstruktur:* Kommunale Kultur- und Tourismusorganisationen mit stark hierarchischen Kommunikations- und Entscheidungswegen werden bei der Umsetzung einer Digitalisierungsstrategie u. U. weniger erfolgreich sein, als jene Organisationen, in denen flexibler auf Marktveränderungen reagiert werden kann. Auch die Bündelung der anfallenden Aufgaben in einer Stelle ist erfolgszentral; diese Stelle, ausgestattet mit Handlungskompetenz und Budget, kann der Marketingabteilung, falls vorhanden, zugeordnet werden oder es wird eine eigenständige Abteilung geschaffen, die alle digitalen Aktivitäten bündelt (wie z. B. beim *Haus der Geschichte* in Bonn; Stand Mai 2019).

- *Umsetzungsplan:* Es ist wichtig, die Digitalisierungsstrategie zu verschriftlichen und damit verbindlich festzulegen, was, wer, mit wem, bis wann und mit welchem Ziel umsetzt. Aus einem solchen Plan ergibt sich, dass die inhaltliche Ausgestaltung von IKT nicht auf einzelne Stellen oder Abteilungen in einer Organisation beschränkt bleibt. So ist es z. B. für Social Media unumgänglich, dass Informationen aus verschiedenen Bereichen eines Leistungsträgeres für interessante „Stories" zusammengetragen werden, die Organisation sich also als ein Gesamtprodukt digital vermarktet.
- *Prioritätensetzung:* Wie bereits oben angeführt, erfordert der Einsatz von IKT Zeit, Personal, Sachmittel und Geld – führt also zu Opportunitätskosten (d. h. alternative Projekte können nicht realisiert werden). Angesichts der Vielzahl möglicher IKT ist es daher entscheidend, sich auf die aus Nachfragesicht wichtigsten zu konzentrieren. Viele kleinere Akteure werden dennoch den mit IKT verbundenen Anforderungen nur mit Hilfe von Kooperationen gewachsen sein, die daher nachfolgend in den Blick genommen werden.

2.2.4 Kooperationen und Netzwerke

Das Eingehen von Kooperationen und der Aufbau von Netzwerken gilt als wichtige Marktteilnehmer- bzw. Verhaltensstrategie gegenüber dem Wettbewerb und im Kulturtourismus auch als Dreh- und Angelpunkt für den Erfolg: „Wer auf diesem Markt erfolgreich agieren möchte, muss kooperationsbereit sein" (Burzinski et al. 2018, S. 19). Die Zusammenarbeit mit anderen kann dabei zeitlich begrenzt und punktuell sein (z. B. Themenjahr), sich auf wiederkehrende Veranstaltungen beziehen (z. B. Stadtfest, Lange Nacht der Museen) oder über einzelne Veranstaltungen hinausgehen und auf unbegrenzte Zeit angelegt sein (Gründung eines Verbands, Vereins etc.). Grundsätzlich helfen Kooperationen und Netzwerke dabei, die Herausforderungen der, v. a. im ländlichen Raum, eher kleinteiligen Anbieterstruktur und die daraus resultierenden Probleme des Einzelkämpfertums zu überwinden (TMB 2013, S. 35). Vor allem außerhalb der urbanen Räume ist es häufig so, dass keiner der kulturtouristischen Leistungsträger so attraktiv ist, dass sein singuläres Angebot ausreicht, um Kulturtouristen/innen anzuziehen. Erst durch die Zusammenarbeit und die gemeinsame Entwicklung, Bündelung und Vermarktung attraktiver kulturtouristischer Angebote können alle Leistungsträger profitieren; es gilt also in der Regel eine *gegenseitige* Abhängigkeit von Kultur- und Tourismusakteuren. Es werden folgende *Formen* der Zusammenarbeit im Kulturtourismusmarketing unterschieden:

(1) Horizontale Kooperationen/Netzwerke

Diese Form findet zwischen Leistungsträgern auf der *gleichen* Stufe einer Wertschöpfungskette statt, d. h. die Partner bieten ähnliche oder komplementäre kulturtouristische Leistungen an (z. B. mehrere Museen in einer Region oder verschiedene Burgen und Schlösser). Eine solche Partnerschaft lässt sich relativ leicht realisieren, weil sich die Beteiligten häufig schon gut kennen und/oder ähnliche Interessen verfolgen. Wie die Kulturtourismusstudie 2018 empirisch bestätigt, werden horizontale Kooperationen im Kulturtourismus v. a. eingegangen, um

- einen informellen Erfahrungsaustausch bzw. Transfer von Know-how mit anderen Kultureinrichtungen zu ermöglichen,
- gemeinsame Veranstaltungen und Programme zu konzipieren,
- Termine bei der Planung von Veranstaltungen abzustimmen,
- gemeinsames Informationsmaterial zu erstellen,
- gemeinsame Marketingkampagnen zu entwickeln und durchzuführen,
- eine gemeinsame Online-Plattform zu betreiben,
- Kombitickets und Verbundpässe zu entwickeln bzw. zu vertreiben und/oder
- gemeinsame Reisepauschalen bzw. Bausteinreisen zu entwickeln bzw. zu vertreiben (Burzinski 2018, S. 39 f.).

Weitere Ziele horizontaler Kooperationen und Netzwerke im Kulturtourismus können sein: Erweiterung/Ergänzung des eigenen Leistungsangebots, Schaffung gemeinsamer Qualitätsstandards und dadurch Verbesserung der eigenen Angebotsqualität, gemeinsame Finanzierung notwendiger Qualifizierungsmaßnahmen (z. B. Besucherkontaktpersonal), Schaffung einer gemeinsamen (Kultur-) Marke, Stärkung der eigenen Position gegenüber den Trägern und der Kulturpolitik, Akquise von Fördergeldern und Dritt-/Projektmitteln (z. B. Europäischer Fonds für Regionalentwicklung – EFRE; Horizon2020).

Marketingverbund Schlösserland Sachsen

Gemeinsam mit der *Tourismus Marketing Gesellschaft Sachsen* haben die *Staatlichen Schlösser, Burgen und Gärten Sachsen* ein überregionales Vermarktungsprojekt für die sächsischen Schlösser, Burgen, Gärten und Klöster initiiert (kurz: „Schlösserland Sachsen"). Der Marketingverbund, der seit 2005 besteht und durch den Freistaat Sachsen unterstützt wird, umfasst 50 staatliche und nicht staatliche Häuser. Ein typisches Produkt solcher Verbünde ist ein gemeinsames Ticket: Auch in Sachen wurde die *schlösserlandKARTE* mit dem Ziel der Kundenbindung und Vernetzung aller Objekte geschaffen (Schlösserland Sachsen 2019).

Da Kulturtouristen/innen häufig attraktive touristische „Pakete" in Anspruch nehmen wollen, stößt die horizontale Form der Zusammenarbeit allerdings schnell an ihre Grenzen; für die Gestaltung komplexerer touristischer Produkte werden i. d. R. Partner aus anderen Wertschöpfungsstufen benötigt.

(2) Vertikale Kooperationen/Netzwerke

Bei dieser Form arbeiten Leistungsträger aus *verschiedenen,* vor- oder nachgelagerten Stufen der touristischen Wertschöpfungskette zusammen. Aus einem solchen Zusammenschluss gehen komplexere touristische Produkt hervor, da die verschiedenen Leistungen der Partner gebündelt und dem Nachfrager als Gesamtpaket angeboten werden (Kultur plus Abendessen, Übernachtung, Transport etc.). Wie die Kulturtourismusstudie 2018 belegt, werden vertikale Kooperationen in der Kulturtourismuspraxis von den Kultureinrichtungen in erster Linie mit folgenden Partnern eingegangen

- Reisemedien (d. h. Reiseführer, Tourismusmagazine etc.),
- Beherbergungsgewerbe,
- Gastronomie,
- Reiseveranstalter,
- Transportunternehmen,
- Einzelhandel (Burzinski 2018, S. 40).

Weiterer wichtige Partner sind aus Sicht der Kultureinrichtungen: Tourismusorganisationen (Tourismusverbände, Tourismusmarketingorganisationen) auf den verschiedenen Ebenen (kommunal, regional etc.), Reiseleiter/innen und Gästeführer/innen, Reisemittler/innen (Reisebüro, -agenturen etc.), andere Akteure auf dem Freizeitmarkt (z. B. Wellnessanbieter).

WelterbeRegion Anhalt-Dessau-Wittenberg
Gästekarten sind auch bei vertikalen Kooperationen ein sehr beliebtes Marketinginstrument. Bei der *WelterbeCard* können Kulturtouristen/innen 13 UNESCO-Welterbestätten, aber auch 84 weitere Leistungen aus Kunst, Kultur, Natur und Freizeit nutzen. Sie können sich dabei aussuchen, ob sie die Angebote innerhalb von 24 h oder an drei frei wählbaren Tagen innerhalb der Gültigkeit in Anspruch nehmen (www.welterbecard.de/)

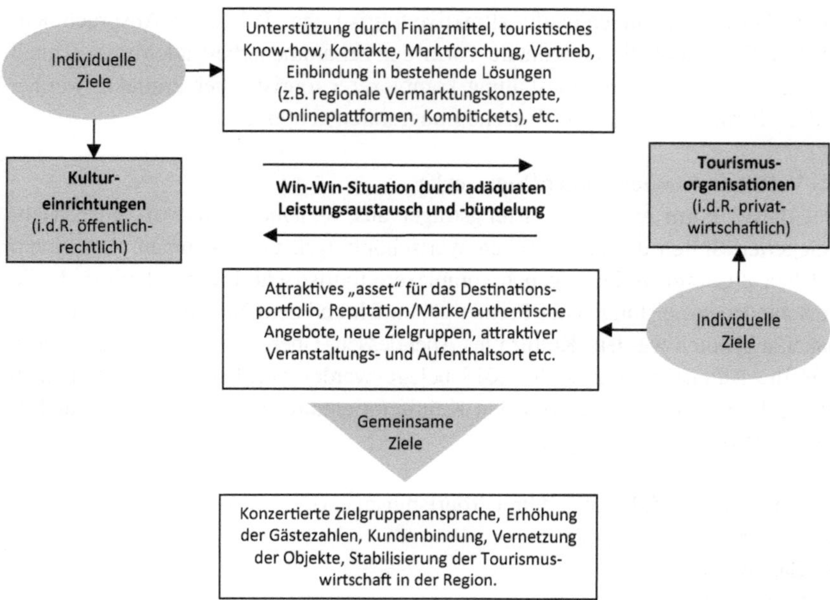

Abb. 2.1 Ziele vertikaler Kooperationen

Auch vertikale Kooperationen verfügen über eine Reihe von Vorteilen für die beteiligten Partner, die sich aus dem *Austauschprinzip* des Marketing ergeben. Abb. 2.1 zeigt, welche individuellen und gemeinsamen Ziele durch vertikale Kooperationen erreicht werden können.

(3) Laterale Kooperationen/Netzwerke

Zu guter Letzt sei die Zusammenarbeit auf lateraler Ebene angeführt, bei der Partner aus verschiedenen Branchen zusammenarbeiten, z. B. Kulturein-richtungen und Unternehmen aus dem Versicherungswesen oder Bankensektor. Eine typische Form ist auch im Kulturtourismus das Sponsoring, durch das ein kulturelles Angebot, welches sich im Weiteren touristisch vermarkten lässt, über-haupt erst geschaffen werden kann (ausführlich Hausmann 2019b, Kap. 6).

Probleme in der Praxis

Mit Blick auf die *Funktionsfähigkeit* der o. g. Partnerschaften ist es allerdings leidliche Praxiserfahrung vieler Leistungsträger, dass die Zusammenarbeit häufig nicht reibungslos verläuft. Ein Grundproblem ergibt sich dabei aus der Tatsache, dass Kultur und Tourismus eine „unterschiedliche Sprache" sprechen (Hausmann 2019a, S. 131 f.):

- *Kultureinrichtungen* arbeiten eher *inhalts-* bzw. *angebotsorientiert,* werden typischerweise öffentlich gefördert und sind damit relativ unabhängig vom (wirtschaftlichen) Markterfolg. Gleichzeitig unterliegen sie häufig bürokratischen Abläufen (z. B. hierarchische und/oder politische Entscheidungswege), was eine flexible Marktreaktion erschwert. Sie sehen durch eine Zusammenarbeit mit Touristikern tendenziell den (künstlerischen, inhaltlichen, wissenschaftlichen) Kern ihrer Arbeit gefährdet und sträuben sich gegen eine (vermeintliche, manchmal aber auch tatsächliche) plakative Vermarktung.
- *Touristiker* arbeiten *nachfrageorientiert,* weil sie sich über den Markt finanzieren müssen. Ihre Entscheidungen sind primär wirtschaftlich und werden vorrangig davon beeinflusst, wie marktfähig ein Angebot ist und wie es dazu beitragen kann, Wachstum zu generieren (Gäste- und Übernachtungszahlen etc.). Sie sind sich – anders als mancher öffentliche Kulturbetrieb – darüber bewusst, dass sie sich auf einem sehr wettbewerbsintensiven Markt bewegen. Um hierauf langfristig bestehen zu können, sind sie kontinuierlich auf der Suche nach Möglichkeiten zur Profilierung ihrer Angebote, Befriedigung von Kundenbedürfnissen und Schaffung von Wettbewerbsvorteilen.

Wenn es den Partnern nicht möglich ist, ihre Gegensätzlichkeit anzuerkennen und dennoch gemeinsame Ziele zu finden, dann kommt es oftmals zu regelrechten „Glaubenskämpfen" (Burzinski 2016, S. 14). Um das zu vermeiden, müssen die Partner in der Lage sein, sich für die Perspektive des jeweils anderen zu öffnen, sie zu respektieren und in die eigene Sichtweise zu integrieren. Das heißt konkret:

- *Kulturbetriebe* sollten sich in die Mechanismen und Spielregeln des Tourismusmarktes einarbeiten, um die Gesamtzusammenhänge besser verstehen zu können. Eine frühzeitige Planung von Veranstaltungen (bei großen Events mindestens ein Jahr vorher), eine professionelle Bewerbung (zielgruppenadäquate Texte, Fotos etc.), die Vernetzung im Ticketing und die Nutzung überregionaler Ticketplattformen, die Bereitstellung von festen Ticketkontingenten für Reiseveranstalter, die Berücksichtigung von Provisionszahlungen an Reisemittler bei der Kalkulation von Preisen und das Primat der Service- und Kundenorientierung wird von den Touristikern als selbstverständlich erwartet.

- *Touristiker* sollten die Kultureinrichtungen von Beginn an als gleichberechtigte Partner verstehen und mit ihnen auf „Augenhöhe" verhandeln. Sie sollten den Kern der kulturellen Arbeit kennen, sich für die berechtigten Sensibilitäten der Kulturakteure interessieren und mögliche Bedenken berücksichtigen. Keinesfalls sollte eine Marketingkampagne gegen die Wünsche der Kulturakteure durchgesetzt werden.

Angesichts der so unterschiedlichen Interessen, Arbeitsweisen etc. der öffentlichen und privatwirtschaftlichen Leistungsträger wird in der Praxis häufig eine Koordination der Aktivitäten durch eine/n so genannten „Kümmerer/in" empfohlen, der/die dabei hilft, die langfristige Funktionsfähigkeit des Netzwerks zu sichern. Eine solche Mittlerrolle können z. B. Kulturmanager/innen einnehmen, die gelernt haben, in der Dualität von Kultur und Management bzw. Markt zu denken. Die Berücksichtigung der in Tab. 2.7 aufgeführten Erfolgskriterien kann dabei nicht nur für diese Aufgabe, sondern insgesamt für eine gelingende Zusammenarbeit aller Beteiligten hilfreich sein.

Tab. 2.7 Checkliste für Kooperationen/Netzwerke im Kulturtourismusmarketing

☐	Gemeinsame Ziele und Interessen
☐	Konsensfähige, vermarktbare Inhalte
☐	Konkreter Nutzen/Mehrwert für alle Beteiligten
☐	(Macht-/Fach-/Prozess-)Promotoren; „Kümmerer" (Koordinator)
☐	Geklärte Finanzierung; keine Ressourcenengpässe
☐	Günstige (kultur-)politische Rahmenbedingungen (z. B. finanzielle Unterstützung oder sonstiges Bekenntnis)
☐	Klare Strukturen, eindeutige Zuständigkeiten/Kompetenzaufteilung
☐	Professionelle Leitung und Führung
☐	Transparenz (Entscheidungen, finanzielle Beteiligung, politische Interessen etc.)
☐	Klare Regeln, Verbindlichkeit; schriftlich fixierte Rechte und Pflichten (auch: Eintritts-/Austritts-/Ausschlusskriterien)
☐	Gute Kommunikation, regelmäßiger Austausch, institutionalisierte Treffen
☐	Vertrauen; „Chemie stimmt"; gegenseitige Anerkennung bzw. Begegnung auf „Augenhöhe", Offenheit
☐	Team- und Entscheidungsfähigkeit bei den Beteiligten
☐	Regelmäßige Evaluation von umgesetzten Maßnahmen (und der Kooperation insgesamt)

Operative Entscheidungen im Kulturtourismusmarketing

3

3.1 Der Marketing-Mix

Unter Berücksichtigung der vorab getroffenen, strategischen Entscheidungen befasst sich die nächste Phase im Planungsprozess mit Entscheidungen bezüglich der operativen Umsetzung des Marketing. Die hier grundsätzlich zur Verfügung stehenden *Instrumente* werden in der Literatur auch als *Marketing-Mix* oder als die vier „*P's*" bezeichnet. Angesichts der Kompaktheit dieses *essentials* soll der Fokus nachfolgend auf ausgewählten Aspekten liegen (ausführlich z. B. Steinecke 2013; Hausmann 2019b). Um eine praxisorientierte Auswahl treffen zu können, wurden Leitfäden gesichtet, die sich übereinstimmend auf Instrumente in den Bereichen Produkt, Preis, Vertrieb (Distribution) und Kommunikation beziehen (u. a. TMBW 2011; TMB 2013; NRW Tourismus 2018, 2019). Keine besondere Berücksichtigung findet in den Praxisleitfäden hingegen das Instrument „people" (Personalpolitik), das in Teilen der Marketingliteratur als fünftes „P" zum Kanon gezählt wird (u. a. Meffert et al. 2018, S. 405). Vor diesem Hintergrund soll hier die Vorgehensweise in anderen Werken der Autorin beibehalten werden, Aspekte der Personalpolitik – trotz bzw. gerade wegen der hohen Bedeutung, die das Personal für die Leistungserstellung und das -ergebnis im Kulturtourismus hat –, in einem gesonderten Kapitel bzw. als eigenständiges Handlungsfeld an der Schnittstelle zum Marketing zu diskutieren.

© Springer Fachmedien Wiesbaden GmbH, ein Teil von Springer Nature 2019
A. Hausmann, *Kulturtourismusmarketing,* essentials,
https://doi.org/10.1007/978-3-658-27369-9_3

3.2 Leistungen

Die Besonderheit dieses Instruments im Marketing-Mix liegt einerseits darin, dass sich das kulturtouristische Angebot häufig aus vielen Einzelleistungen zusammensetzt, die zwar von unterschiedlichen Partnern in der Wertschöpfungskette stammen (z. B. Museum, Transportunternehmen, Hotel, Gastronomie), aber von der Nachfrage im Rahmen ihrer Customer Journey regelmäßig als ein Gesamtpaket wahrgenommen werden. „A tourism product is a combination of tangible and intangible elements, such as natural, cultural and man-made resources, attractions, facilities, services and activities around a specific center of interest which represents the core of the destination marketing mix and creates an overall visitor experience including emotional aspects for the potential customers" (UNWTO 2019b, S. 18).

Andererseits ergibt sich die Besonderheit daraus, dass im Kulturtourismus Leistungen mit einem hohen Anteil an Immaterialität überwiegen. Dies bedeutet konkret, dass Ausstellungen in Schlössern, Führungen durch Burgen, Bustransporte zum Stadtfest etc. nicht greifbar und damit weder lager- noch transportierbar sind, sodass die Erstellung der Leistung – die zudem regelmäßig eine Mitarbeit (z. B. Zuschauen, Zuhören, Einsteigen) der Kulturtouristen/innen erfordert („Integration des externen Faktors") – mit ihrer Nutzung vor Ort im Allgemeinen zusammenfällt („uno actu-Prinzip"). Daraus ergibt sich auch, dass die kulturtouristischen Leistungen im Vorfeld ihrer Nutzung durch die Nachfrager/innen typischerweise nicht auf ihre Qualität hin überprüfbar sind, es also anderer Indikatoren zur Aussendung von Qualitätsinformationen bedarf, wie z. B. das Besucherkontaktpersonal.

Mit Blick auf die unterschiedlichen Zielgruppen bzw. Marktsegmente ist des Weiteren zu berücksichtigen, dass große Teile der kulturtouristischen Nachfrage wenig Vorkenntnisse, ein begrenztes Zeitbudget sowie ggf. auch wenig Muße zu einer vertieften Beschäftigung mit dem kulturellen Erbe bzw. Angebot einer Destination mitbringen. Hier spielt das *Edutainment* eine wichtige Rolle bei der Konzeption von Leistungen, d. h. das unterhaltsame Lernen, bei dem sich kulturelle Zusammenhänge den Nutzern/innen weniger durch klassische Formate (z. B. Objektbeschilderung) als vielmehr durch Ausprobieren und „hands on"-Formate erschließen (duCros und McKercher S. 43). In diesen Zusammenhang gehört auch die Beschäftigung mit den verschiedenen *Nutzendimensionen* kulturtouristischer Leistungen: Neben dem Kernnutzen, z. B. mehr über eine Kulturstätte oder ein Objekt zu erfahren, wollen die Touristen/innen eine schöne Zeit mit ihren Begleitpersonen verbringen (sozialer Nutzen) und/oder sich als Teil einer Community von Gleichgesinnten (z. B. Opernliebhaber/innen, zeitgenössische Kunstexperten/ innen) zeigen bzw. repräsentieren (symbolischer Nutzen).

Mit Blick auf die Auswahl konkreter Instrumente innerhalb dieses Bereichs des Marketing-Mix ist auf zwei Erkenntnisse aus der Kulturtourismusstudie 2018 zu verweisen. Zum einen verhindern „fehlende Strategien (…) ein erfolgreiches Marketing – anstelle einer fokussierten Produktpolitik werden Kulturtouristen mit den immer selben Angeboten überhäuft" (Burzinski 2018, S. 81). Das werden vermutlich auch jene bestätigen, die sich etwas intensiver mit den verfügbaren Praxisleitfäden auseinandersetzen. Fast überall wird von Produktinszenierung, Angebotskombination, Themenverknüpfung, Erlebnisorientierung, Barrierefreiheit, Servicequalität etc. gesprochen; es ist jedoch nicht leicht, auf dieser Basis nachhaltige Wettbewerbsvorteile zu schaffen. Andererseits zeigt sich vor Ort dann häufig, dass dort sogar die „basics" der Leistungspolitik, die sich z. T. mit anderen Bereichen des Marketing-Mix überschneiden (Abschn. 3.4 und 3.5), noch lange nicht zufriedenstellend ausgestaltet sind (Wegeleitsystem, Öffnungszeiten der Tourist Information und/oder Kulturstätten, übersichtliches/strukturiertes Angebot an Exponaten inklusive moderner Präsentation bzw. Inszenierung und Objekterläuterung, zeitgemäßes gastronomisches Angebot etc.).

Zum anderen sind, wie oben angesprochen, die meisten Kulturtouristen keine ausgewiesenen Kenner kulturhistorischer Zusammenhänge, sondern eher „Flaneure", die auf Reisen „auch" Kultur nutzen. Vor diesem Hintergrund ist es bei der Konzipierung kulturtouristischer Leistungen wichtig, Vermittlungsangebote „mitzudenken", die die Rezeption des Kernangebots unterstützen helfen. Hier bietet sich insbesondere auch der Einsatz von IKT an (Abschn. 2.2.4) und damit die Nutzung zeitgemäßer Formate, die jenseits von traditionellen Führungen auf Dialog und Partizipation, Edutainment und Experimentierfreude setzen:

„Apps bzw. mobile Webseiten mit ähnlicher Funktion verdienen an dieser Stelle ein besonderes Augenmerk, da sie gleichermaßen ein Marketing- als auch ein Vermittlungsinstrument darstellen können. So kann eine (kultur-)touristische App nicht nur Servicebegleiterin, sondern auch Reise- und Kulturführerin sein. Als permanente Begleiterin ist sie in der Lage dem Reisenden zu jedem Zeitpunkt der sogenannten Customer Journey – von der Inspiration über die Anreise bis zum Aufenthalt und danach – relevante Informationen und inszenierte Geschichte zur Verfügung zu stellen. Diesen Trend, der sich in besonderer Weise in den digitalen Medien manifestiert, haben die meisten Destinationen noch nicht aufgegriffen. Dies könnte allerdings auch den fehlenden finanziellen Mitteln geschuldet sein. Fest steht: Hier liegt noch ein großes Kooperationspotenzial brach, das Vermittlung und Marketing zusammenführt" (Burzinski et al. 2018, S. 65).

3.3 Preise

Die Preispolitik umfasst sämtliche Entscheidungen im Hinblick auf das von der Nachfrage für ein bestimmtes kulturtouristisches Angebot zu entrichtende Entgelt. Der Preis beeinflusst dabei nicht nur die Entscheidung von Kulturtouristen/innen, *überhaupt* eine Leistung in Anspruch zu nehmen, sondern auch ihre *Wahl* zwischen verschiedenen Angeboten. In der Zusammenarbeit zwischen Touristikern und Kulturbetrieben ist allerdings zu beachten, dass der Preis bei öffentlichen und privat-gemeinnützigen Leistungsträgern eine deutlich geringere Rolle bei der Steuerung und Stimulierung der Nachfrage als bei kommerziellen Unternehmen spielt. Zwar sollten auch Museen, Theater etc. die Zahlungsbereitschaft von jenen Kulturtouristen/innen abschöpfen, die z. B. bereit sind, für die Inanspruchnahme einer Leistung zu einem bestimmten Zeitpunkt mehr zu zahlen. Dennoch sind z. B. Ticketpreise in der Regel unter kulturpolitischen Gesichtspunkten festgelegt, d. h. Kultur soll als meritorisches Gut möglichst allen Gesellschaftsschichten zugänglich sein (ausführlich Hausmann 2019a, S. 52 f.).

Im Rahmen der Preispolitik stehen verschiedene Strategien zur Verfügung, die auch im Kulturtourismus Anwendung finden. Hierzu gehören:

- *Preisdifferenzierung:* Bei dieser Strategie werden für eine prinzipiell gleiche Leistung unter Berücksichtigung bestimmter Kriterien dauerhaft unterschiedliche Preise verlangt. Im Kulturtourismus geeignete Kriterien sind z. B. *nachfrageorientierte* Kriterien, wie z. B. Alter (Kinder, Senioren etc.) oder Typus bzw. Status (passionierte Spezialisten/innen oder Zufallskulturtouristen/innen; Gruppen- oder Alleinreisende), *zeitliche* Kriterien, wie z. B. Nutzungszeitpunkt und Dauer (Wochenende/unter der Woche, Neben-/Hauptsaison) oder Buchungs-/Kauftermin („Early Bird"-Rabatte etc.), *mengenorientierte* Kriterien (z. B. Einzel- oder Kombileistungen) oder *räumliche* Kriterien (z. B. im Zentrum oder außerhalb).
- *Preisbündelung:* Diese Strategie wird häufig gewählt, wenn Teilleistungen komplementär sind und zu einem attraktiven kulturtouristischen „package" geschnürt werden können. Die Gäste bezahlen in diesem Fall für das Gesamtpaket weniger, als wenn sie die Leistungen einzeln kaufen würden. Hinzu kommt, dass ein Leistungspaket immer auch Informationen aussendet (im Sinne von: was gibt es vor Ort, was passt gut zusammen) und den Gast dadurch organisatorisch entlastet (Fischbacher und Forster 2010, S. 24). Typische Beispiele im Kulturtourismus sind einerseits Kombi- bzw. Gästetickets, bei denen der Eintritt in entweder mehrere Kultureinrichtungen derselben

Sparte (z. B. Museumspass) oder in verschiedene Leistungsträger aus Kultur, Natur und Freizeit inkludiert ist (z. B. WelterbeCard), sowie andererseits Pauschalreisen oder Wochenendangebote, die z. B. Transport, Übernachtung und Tickets für Kulturveranstaltungen umfassen.

Mit Blick auf die Kalkulation des „richtigen" Preises, d. h. eines Preises, der von den Kulturtouristen/innen gerade noch akzeptiert wird bzw. ein gezieltes Abschöpfen der nachfrageseitigen Preisbereitschaft erlaubt, lassen sich die Methode der (1) *kostenorientierten* und der (2) *marktorientierten* Preisfindung unterscheiden. Letztere Verfahrensweise lässt sich weiter aufschlüsseln in die (2a) *nachfragebezogene* und die (2b) *konkurrenzbezogene* Preisfindung: Während sich erstere Methode an der Preisbereitschaft und Preisakzeptanz (potenzieller) Kulturtouristen/innen orientiert, werden bei letzterer die Preise der Wettbewerber untersucht und bei der eigenen Preisfindung berücksichtigt. In der Regel wird es sinnvoll sein, markt- und kostenorientierte Überlegungen zu *verknüpfen,* um einen Preis festzusetzen, der aus verschiedenen Perspektiven angemessen ist: „Die definitive Preisfestsetzung erfolgt schließlich im Dreieck von Kostendeckung, Preissensibilität des Gastes und dem Preisniveau in der Destination. Der Endpreis muss für den Gast ein gutes Preis-Leistungsverhältnis darstellen" (Fischbacher und Forster 2010, S. 27).

> **Auswirkungen kulturtouristischer Kooperationen auf den Preis**
> Wann immer eine Kultureinrichtung mit einem privatwirtschaftlich agierenden Akteur (z. B. Reisemittler) zusammenarbeitet, muss eine Vermittlungsprovision einkalkuliert werden. Wenn diese nicht an die Nachfrage weitergegeben werden soll, dann muss die Provision anderweitig erwirtschaftet werden, z. B. über einen vergünstigten Einkauf bei Zulieferern (TMB 2013, S. 27).

3.4 Vertrieb

Maßnahmen in diesem Bereich des Marketing-Mix beziehen sich auf sämtliche Entscheidungen, die im Zusammenhang mit der Übermittlung von Angeboten an die Nachfrage zu treffen sind. Die konkrete Auswahl und Ausgestaltung der Distributionskanäle orientiert sich dabei auch im Kulturtourismus an der Art der zu vertreibenden Leistung. So erfordern Museen, Schlösser oder Landschaftsgärten, aber z. B. auch das Gastronomie- und Beherbergungsgewerbe eine *lokale* Leistungserstellung, da ihre Kernprodukte (Ausstellung, Übernachtung etc.) aufgrund des hohen Anteils an immateriellen Eigenschaften nicht handelbar sind. Damit kann lediglich das *Leistungsversprechen* vertrieben werden, d. h. die Verpflichtung eines kulturtouristischen Leistungsträgers, zu einem vereinbarten Zeitpunkt eine bestimmte Leistung zu erbringen; dies wird i. d. R. über ein materielles Trägermedium (Eintrittskarte, Buchungsbestätigung etc.) dokumentiert. Aufgrund der großen Schnittstelle, die Maßnahmen im Vertrieb mit jenen in der Kommunikation (Abschn. 3.5) haben, wie am Beispiel einer Website oder der Tourist-Information leicht nachvollziehbar ist, werden sie in der Kulturtourismuspraxis häufig zusammen beschrieben (z. B. DTV 2006, S. 15; Burzinski et al. 2018, S. 13; Tourismus NRW 2019, S. 9 f.).

Wie Tab. 3.1 zeigt, können Leistungen bzw. Leistungsversprechen auf zwei Wegen vertrieben werden. Bei der *direkten* Distribution wird zwischen Angebot und Nachfrage kein Mittler eingeschaltet, d. h. der Vertrieb wird vom Anbieter selbst übernommen (an der Kasse, am Telefon, über die eigene Website etc.). Demgegenüber werden bei der *indirekten* Distribution externe Organe eingeschaltet, auf die der Absatz des Leistungsversprechens oder der Leistung übergeht. Da beide Vertriebswege über Vor- und Nachteile verfügen, wenden die meisten kulturtouristischen Leistungsträger eine *Multi Channel-Strategie* an.

Zusätzlich zu den genannten Entscheidungsfeldern wird auch die Ausgestaltung des physischen (Veranstaltungs-)Ortes, der „location", als Teil der Vertriebspolitik gesehen. Im Kulturtourismusmarketing ist damit immer auch die Frage zu beantworten, wie *zugänglich* und *verfügbar* eine kulturtouristische Leistung für die potenziellen Nachfrager/innen ist: „Grundlage für die Integration kultureller Angebote in die touristische Angebotsgestaltung ist die Verfügbarkeit. Bei Sehenswürdigkeiten, Museen etc. bedeutet dies vor allem gästefreundliche Öffnungszeiten, zumindest in der Saison. Was nützt die schönste Dorfkirche, wenn sie geschlossen ist?" (TMB 2013, S. 27). Kriterien für die Zugänglichkeit sind z. B.

- Öffnungs- bzw. Schließzeiten (Fremdenverkehrsämter bzw. Tourist-Informationen, Kultureinrichtungen, Gastronomie etc.; mittags, abends, montags etc.),
- externes Wegeleitsystem (Ausschilderung zur Destination und vor Ort),
- internes Wegeleitsystem (Ausschilderung beim Leistungsträger, wie z. B. einer Garten-/Schlossanlage oder im Museum),

Tab. 3.1 Vertriebswege im Kulturtourismus

	Direkter Vertrieb	Indirekter Vertrieb
Beispiele	• Persönlich (z. B. Museumskasse) • Telefonisch (z. B. Hotelhotline) • Eigene Website/eigenes Online-Buchungssystem	• Tourist-Information/Vorverkaufs-stellen • Reisebüros/-mittler/-veranstalter • Einzelhandel, Hotellerie etc. • Ticketportale/Ticketing-Anbieter
Vorteile	• Direkte Qualitätskontrolle • Eigene Schulungen des Service- bzw. Kundenkontaktpersonals • Direkte Kommunikation mit der Nachfrage (unterstützt Kunden-orientierung, Servicequalität) • Keine Gewinnteilung bzw. Verteilungskonflikte • Kontrolle über Preise, Werbung etc.	• Erweiterung des Radius, größere Zielgruppenreichweite, u. U. inter-nationaler Fokus • Aufbau von Kooperationen (ggf. für andere Zwecke nützlich, wie z. B. „packaging") • Effektivitäts- und Effizienzvor-teile durch Einbeziehung eines Vertriebsspezialisten (geringere Kosten, keine Kapitalbindung, Management-Entlastung, Nutzung von speziellem Know-how)
Nachteile	• Beschränkter Radius, kleine Ziel-gruppe, u. U. nur lokaler/regionaler Fokus • Ressourcenintensiv • Keine Effizienzvorteile • Know-how (z. B. Online Ticketing) ggf. nicht ausreichend vorhanden	• Vertriebsprovision • Keine bzw. nur indirekte Qualitätskontrolle • Keine direkte Kommunikation mit der Nachfrage • Übliche Nachteile von Kooperationen

- Parkplätze (Verfügbarkeit, Preis, Ausschilderung) bzw. Anschluss an den ÖPNV,
- bauliche Substanz (auch und gerade im unmittelbaren Besucherkontakt-bereich, d. h. Eingangs-/Kassenbereich, sanitäre Anlagen, Gastronomie etc.)
- Atmosphäre („Willkommen sein" von Kulturtouristen/innen in der Destina-tion, bei einzelnen Leistungsträgern) sowie auch
- Vermittlungsangebote (die ein kulturelles Angebot zu erschließen helfen und damit sowohl Teil der Produkt- als auch der Distributionspolitik sind).

> **Besucherwege als wichtiges Kriterium der Zugänglichkeit**
> Bei den touristisch hochfrequentierten *Salzburger Mozart-Museen* wird die Zugänglichkeit wie an vielen anderen „hot spots" wie folgt gewährleistet: „Manchmal sind mehr als 300 Leute gleichzeitig bei uns unterwegs. Wir haben deshalb alles genau getaktet, die Besucher laufen immer nur in eine Richtung. So gibt es keinen Gegenverkehr in den engen Gängen, die kaum breiter sind als ein Mensch. Der Einlass läuft wie bei einem Konzert. Wer spontan kommt, steht Schlange. Gruppen, die vorher buchen, dürfen durch die ‚Fast Lane' direkt ins Museum" (Laskus 2018).

3.5 Kommunikation

Im Mittelpunkt dieses Bereichs des Marketing-Mix steht die Aufbereitung und Vermittlung sowie der Austausch von Informationen zwischen Leistungsträgern und (potenziellen) Nachfragern/innen. Anbieterseitig ist es das Ziel, bei relevanten Austauschgruppen Aufmerksamkeit zu erzielen, Wissen zu schaffen sowie Einstellungen, Erwartungen und Verhaltensweisen zu beeinflussen. Die Kommunikation erfolgt *einstufig,* d. h. ein kulturtouristischer Leistungsträger sendet seine Botschaften direkt an die Empfänger (z. B. über Plakate, E-Mails oder die Website), oder *mehrstufig,* d. h. der Anbieter richtet seine Botschaften zunächst an Multiplikatoren (Stadtführer/innen, Busreiseunternehmen, Medien, Reiseblogger/innen etc.), die dann ihrerseits – u. U. verändert – die Informationen weitergeben. Ein weiteres Unterscheidungsmerkmal besteht dahin gehend, ob die Kommunikation *persönlich* erfolgt, d. h. zwischen Sender und Empfänger besteht ein unmittelbarer Kontakt (an der Tageskasse, an der Rezeption etc.) oder *unpersönlich,* d. h. es kommt zu einer zeitlich-räumlichen Trennung zwischen dem Senden der Botschaft (z. B. per E-Mail, auf Flyern und Plakaten) und der Rezeption durch den Empfänger.

Allen Leistungsträgern steht eine Vielzahl von Instrumenten zur Verfügung, die off- oder online eingesetzt werden können (ausführlich Hausmann 2019b, Abschn. 4.5). Durch die Möglichkeiten, die das Internet für die Kommunikationspolitik geschaffen hat, können die einzelnen Instrumente auch miteinander *vernetzt* werden („Connectivity"). So führt z. B. ein klassisches Plakat, das einen QR-Code enthält, der über ein Smartphone/Tablet gescannt wird, auf die Website oder einen Social Media-Kanal. Insbesondere im urbanen Raumen setzen touristische Leistungsträger zunehmend auf das Potenzial der Onlinekommunikation:

„Die Zeiten ändern sich, die Anforderungen ändern sich: Längst sind Marketing und Kommunikation mehr als nur Pressearbeit und Werbeanzeigen. Klassische Medien verlieren an Bedeutung, dafür werden Informationen und Inspirationen immer stärker online gesucht. Potenzielle Gäste erreicht Tourismus NRW daher immer stärker durch neue Mittel und Wege, von der Interaktion in sozialen Netzwerken über Blogger-Relations bis zum eigenen inspirierenden Internetauftritt" (Tourismus NRW 2018, S. 35).

Dieser Anspruch, so legen es die Ergebnisse der Kulturtourismusstudie 2018 nahe, gilt allerdings weniger für den ländlichen Raum, wo Tourismusorganisationen typischerweise nicht über die Ressourcen verfügen, um ihre Akteure vor Ort so zeitgemäß zu unterstützen. Wie Tab. 3.2 zeigt, dominieren hier noch die analogen Instrumente (Burzinski et al. 2018, S. 14).

Auch von den Kultureinrichtungen werden laut Kulturtourismusstudie 2018 insbesondere noch jene Instrumente eingesetzt, die Klassiker der Offline-Kommunikation sind (Burzinski et al. 2018, S. 36 f. und Tab. 3.3). Zu berücksichtigen ist allerdings, dass im Sample viele Einrichtungen aus dem ländlichen

Tab. 3.2 Kommunikationsinstrumente der Tourismusorganisationen (Mehrfachantworten)

• Eigene Prospekte/Broschüren zu kulturtouristischen Angeboten	86,3 %
• Eigenes und/oder vermitteltes Führungsangebot zu den kulturellen Highlights und Besonderheiten des Kulturangebots	73,2 %
• Spezieller kulturtouristischer Themenbereich auf der Website	66,3 %
• Ticketverkauf für Kulturveranstaltungen innerhalb der Stadt/Region	64,2 %
• Aktueller Veranstaltungskalender differenziert nach Zielgruppen- und Kulturinteressen bzw. Sparten	60,5 %
• Ausarbeitung und Vermittlung spezieller kultureller Thementouren und -routen als Service für den Gast	57,4 %
• Weiterführendes Informationsmaterial in der Tourist-Information, z. B. vertiefende Literatur, Kulturführer	56,8 %
• Information über und Buchungsmöglichkeiten von kulturtouristischen Pauschalen	46,8 %
• Eigenes kulturelles Veranstaltungsprogramm, z. B. Organisation eines eigenen Festivals/Kulturevents	45,8 %
• Eigenständige Webseiten, Microsites, Profile/Seiten in sozialen Medien für herausragende oder sehr spezielle Kulturangebote	36,3 %
• Spezielle Merchandising-Produkte mit Bezug zum kulturellen Angebot Eine eigene App mit kulturtouristischen Inhalten	28,4 %

Tab. 3.3 Kommunikationsinstrumente der Kultureinrichtungen (Mehrfachantworten)

Instrumente, die tendenziell *häufig* eingesetzt werden	Instrumente, die tendenziell *gar nicht* eingesetzt werden
• Pressearbeit (91,7 %), • Flyer und andere Printmedien (98 %), • Events/Veranstaltungen (83 %) • Plakat/Außenwerbung (83 %), • Anzeigen/Beilagen in Wochen-/Monatsmagazinen (69 %), • Newsletter/E-Mail Marketing (64 %), • Anzeigen/Beilagen in Tageszeitungen (63 %) • Messeauftritte/Roadshows (53 %)	• Mobile-Marketing (80,0 %) • Guerilla-Marketing (77,9 %) • Blogger-Relations (73,6 %) • Verkehrsmittelwerbung (62,7 %) • Guide/Verkaufshandbuch für Reiseveranstalter/Gruppen (59,8 %) • Gewinnspiele

Raum, mit wenigen Beschäftigten und z. T. ehrenamtlicher Führung vertreten sind (Burzinski et al. 2018, S. 26 ff.); große Häuser im urbanen Raum setzen bereits deutlich häufiger auf die Potenziale der digitalen Kommunikation.

Implementierungsentscheidungen: Organisation und Personal

4

Ähnlich wie im Kulturmarketing gilt das Personal auch im Tourismusmarketing als Dreh- und Angelpunkt für den Erfolg – und zwar für alle Leistungsträger gleichermaßen:

> „Globally, in any particular destination, the tourism industry comprises a range of different-sized public, private and voluntary sector organisations which operate across different elements of tourism supply (accomodation; attractions; food and drink; intermediaries; transport), yet regardless of the nature or size of tourism operations, they are all reliant on the quality of their human resources, i.e. their employees. To achieve competitive advantage in an increasingly competitive market, the success of an individual organization or destination is dependent upon employee contribution and commitment. (…) Employees are the most important assets in a tourism organization and are key to the success of service-sector companies, because of their critical role in customer interactions" (Haven-Tang und Jones 2005, S. 90).

Um diesen Leistungsfaktor möglichst sinnvoll einzusetzen, muss das Kulturtourismusmarketing zweckmäßig in die Aufbauorganisation integriert sein. Bei größeren Kultureinrichtungen im urbanen Raum wird es eine – mehr oder weniger hinreichend mit Ressourcen und Unterstützung ausgestattete – Stelle geben, die sinnvollerweise in der Abteilung Kommunikation/PR angesiedelt ist und das kulturtouristische Marketing typischerweise „neben" anderen Marketingaufgaben verfolgt. Im ländlichen Raum mit seiner kleinteiligen, z. T. sogar ehrenamtlichen Struktur wird es in der Regel keine eigene Marketingabteilung, vielfach noch nicht einmal eine Marketingstelle geben. Typischerweise müssen hier mehrere Funktionsbereiche in Personalunion abgedeckt werden; oftmals werden es sogar die Leiter/innen einer Einrichtung selbst sein, die sowohl die strategischen als auch die operativen Aufgaben im Kulturtourismusmarketing abdecken (sollen).

© Springer Fachmedien Wiesbaden GmbH, ein Teil von Springer Nature 2019
A. Hausmann, *Kulturtourismusmarketing*, essentials,
https://doi.org/10.1007/978-3-658-27369-9_4

In solchen Fällen wird es letztlich nur durch die Unterstützung einer engagierten Kulturverwaltung – die die unterschiedlichen Kulturakteure unter einem thematischen „Dach" bündelt, Parallelstrukturen und -angebote verhindert und Rivalitäten untereinander bzw. „Kirchturmdenken" in vernünftige Bahnen lenkt – und/ oder durch die Kooperation mit lokalen/regionalen Tourismusorganisationen möglich sein, den Markt für Kulturtourismus erfolgreich zu bearbeiten.

Neben dem (Fach-)Personal, das für die Entwicklung und Vermarktung kulturtouristischer Angebote zuständig ist, sind auf der operativen Ebene bzw. „vor Ort" zahlreiche weitere Beschäftigte zentral für den Umsetzungserfolg. Wie in Abschn. 3.2 angerissen, sind Kultureinrichtungen – genauso wie andere kulturtouristische Leistungsträger (z. B. Tourismusorganisationen, Hotellerie, Transportwesen) – Dienstleistungsbetriebe, d. h. sie erstellen Leistungen mit einem hohen immateriellen Anteil. Kulturtouristen/innen können die Qualität der Angebote im Regelfall nicht bereits vor der Inanspruchnahme überprüfen, sie buchen vielmehr unter Inkaufnahme eines mehr oder minder hohen Qualitätsrisikos. Um dieses Risiko zu adressieren bzw. die Qualitätsunsicherheit zu reduzieren, gilt das Personal in Dienstleistungsbetrieben – neben dem positiven „word of mouth" bzw. der Empfehlung von vertrauenswürdigen Dritten – als entscheidender Faktor. Vor allem das Personal an den Besucherkontaktpunkten, also dort, wo die Kulturtouristen/innen in persönlichem, direktem Austausch mit einem Leistungsträger sind (z. B. Telefon, Kasse, Garderobe, Ausstellungsräume), ist von erheblicher Bedeutung für die Gesamtzufriedenheit und wird von der Nachfrage als *Qualitätssurrogat* herangezogen. Dabei gilt: Je höher die Vertrauenseigenschaften einer Leistung sind und desto mehr knappe Ressourcen (v. a. kostbare Freizeit, aber auch Geld etc.) von Nachfragern/innen eingesetzt werden müssen, desto wichtiger werden die Eigenschaften des Personals, wie z. B. die Freundlichkeit, Beratungskompetenz und Serviceorientierung sowie die Fähigkeit, auch unter Stress zielgruppenorientiert zu bleiben, wie das Praxisbeispiel des kundenkontaktintensiven Bereichs der Vermittlung zeigt.

Stressmanagement und Storytelling für gelingende „Service Encounter"
Auf die Frage, wie es ist, täglich tausend Touristen/innen durch Mozarts Geburtshaus zu führen, antwortet eine Museumspädagogin der *Salzburger Mozart-Museen:* „Manchmal habe ich das Gefühl, die haben sich verabredet. Dann stehen plötzlich sechs, sieben Besuchergruppen gleichzeitig vor dem Eingang und wollen sehen, wo Mozart geboren wurde. Aber ich lasse mich nicht stressen, das ist die Grundvoraussetzung, um hier zu arbeiten. Am liebsten sind mir Leute, die nicht erst an der Kasse

damit beginnen, ihren Geldbeutel zu suchen, sondern direkt sagen: zwei Erwachsene, drei Kinder, eine Broschüre" (Laskus 2018). Aufgrund ihrer Fähigkeit, Besucher/innen dort abzuholen, wo sie stehen, schafft es die Pädagogin darüber hinaus, auch zunächst weniger Interessierte für Mozart zu gewinnen:

„Natürlich gibt es auch Besucher, die sich langweilen. Die stehen in Mozarts Küche und sagen: ‚Aha, ne Wohnung.' Denen drücke ich dann gern einen alten Kaffeeröster aus dem 18. Jahrhundert in die Hand. Sie rätseln erst einmal, was das denn sein könnte. Wenn sie darauf gekommen sind, lasse ich sie ihren Alltag mit Mozarts Alltag vergleichen. Heutzutage, sage ich dann, braucht man nur zwei Minuten für eine Tasse Kaffee. Wussten Sie, dass Mozart 45 Minuten warten musste, bis sein Kaffee fertig war? Die Leute finden das unheimlich spannend" (Laskus 2018).

In diesem Zusammenhang ist auf die Problematik hinzuweisen, die sich daraus ergibt, dass ausgerechnet das für das Besuchserlebnis so wichtige Servicepersonal in der Hierarchie von Kultureinrichtungen häufig nicht nur organisatorisch, sondern auch „mental" relativ weit unten angesiedelt ist. Dieser Umstand führt nach Erfahrung der Autorin immer wieder dazu, dass besucherrelevante Informationen zuallerletzt an diese Beschäftigtengruppe weitergegeben werden und es häufig nicht für nötig befunden wird, den Kontext für Entscheidungen (z. B. Verschiebung eines Veranstaltungsprogramms, fehlende Möglichkeit zur Online-Buchung) näher zu erläutern. So kommt es dann im Austausch zwischen Besucher/innen und Kassenpersonal fast zwangsläufig zu unbefriedigenden Interaktionen, etwa dann, wenn auf eine Besucherfrage geantwortet wird: „Das weiß ich auch nicht. Das ist uns so vorgegeben worden." Befördert wird diese Situation häufig durch die Tatsache, dass das Personal zum Teil über externe Dienstleister angestellt ist und seinerseits Identitätsprobleme mit dem Einsatzort haben kann. Um die Situation mit den Beschäftigten im Servicebereich angesichts ihrer hohen Bedeutung für die Gesamtzufriedenheit der Nachfrager/innen dennoch gelingend zu gestalten, empfiehlt es sich u. a., das externe Marketing mit seinen Grundannahmen auf die interne Organisation zu übertragen. Ein solches „internes Marketing" führt dazu, dass Personal- und Marketingfragen integriert betrachtet werden (mit Konsequenzen für z. B. die Personalauswahl, Arbeitsplatzgestaltung oder Personalentwicklung sowie insgesamt einen besseren Umgang mit den besonderen Arbeitsbedingungen dieser Beschäftigtengruppe).

Was Sie aus diesem *essential* mitnehmen können

- Marketing ist eine abteilungsübergreifende Denkhaltung bei kulturtouristischen Leistungsträgern, die darauf abzielt, die marktbezogenen Aktivitäten und innerbetrieblichen Voraussetzungen so auszugestalten, dass Wettbewerbsvorteile geschaffen, Kundennutzen erzeugt und Organisationsziele erreicht werden
- Der Planungs- bzw. Managementprozess ist ein integratives Ablaufschema, das die Marketingaktivitäten kulturtouristischer Leistungsträger strukturieren hilft. Der Prozess kann sich sowohl auf die Vermarktung eines Leistungsträgers insgesamt als auch auf einzelne kulturtouristische Leistungen bzw. Leistungsbündel beziehen.
- Die besondere Stärke des Planungs- bzw. Managementprozesses liegt darin, dass er klar aufzeigt, was im Praxisalltag von Kultureinrichtungen und anderen Leistungsträger häufig untergeht: Kulturtourismusmarketing hat im Kern zwei unterschiedliche Ebenen, die zwar eng miteinander verwoben sind, aber doch getrennt voneinander zu betrachten – eine strategisch-konzeptionelle, längerfristig ausgelegte sowie eine operativ-instrumentelle, kurzfristiger ausgerichtete.

© Springer Fachmedien Wiesbaden GmbH, ein Teil von Springer Nature 2019

A. Hausmann, *Kulturtourismusmarketing*, essentials,

https://doi.org/10.1007/978-3-658-27369-9

Literatur

Bundesministerium für Wirtschaft und Energie (BMWi). (2014). Tourismusperspektiven im ländlichen Raum. Handlungsempfehlungen zur Förderung des Tourismus in ländlichen Räumen. https://www.bmwi.de/Redaktion/DE/Publikationen/Tourismus/tourismusperspektiven-in-laendlichen-raeumen.pdf?__blob=publicationFile&v=1. Zugegriffen: 1. Apr. 2019.

Burzinski, M. (2016). Zwischen Herdentrieb und Überwindung der Zwangskooperation. *Kulturmanagement Magazin, 110,* 14–22.

Burzinski, M., Buschmann, L., & Pröbstle, Y. (2018). Kulturtourismusstudie 2018. Empirische Einblicke in die Praxis von Kultur- und Tourismusakteuren. https://www.projekt2508.de/wp-content/uploads/2018/05/Kulturtourismusstudie-2018-Webversion.pdf. Zugegriffen: 18. Dez. 2018.

Dellnitz, A. (2016). Zielgruppe Nah-Tourist. *KM Kultur und Management im Dialog, 110,* 23–26.

Deutscher Tourismusverband (DTV). (2006). Städte- und Kulturtourismus in Deutschland. https://www.deutschertourismusverband.de/service/touristische-studien/dtv-studien.html. Zugegriffen: 26. Mai 2019.

DuCros, H., & McKercher, B. (2015). *Cultural tourism* (2. Aufl.). London: Routledge.

Esch, F.-R. (2014). *Strategie und Technik der Markenführung* (8. Aufl.). Wiesbaden: Vahlen.

Fischbacher, M., & Forster, S. (2010). *Erlebnisse und Tourismusangebote schaffen. Ein Leitfaden für kleine und mittlere Museen.* Graubünden: Museen Graubünden.

Freyer, W. (2015). *Tourismus. Einführung in die Fremdenverkehrsökonomie* (11. Aufl.). Berlin: De Gruyter.

Hausmann, A. (2018). Digitale Angebote im Kulturtourismus. Zur Nutzung von Informations- und Kommunikationstechnologien (IKT). Ergebnisse einer Besucherbefragung beim UNESCO-Welterbe Zollverein. https://kulturmanagement.ph-ludwigsburg.de/fileadmin/subsites/2c-kuma-t-01/PDF/Forschung/Forschungsbericht_Digitale_Angebote_im_Kulturtourismus.pdf. Zugegriffen: 5. Mai 2019.

Hausmann, A. (2019a). *Kompaktwissen Kulturmanagement. Reihe Kunst- und Kulturmanagement* (2. Aufl.). Wiesbaden: Springer VS.

Hausmann, A. (2019b). *Kulturmarketing, Reihe Kunst- und Kulturmanagement* (3. Aufl.). Springer VS: Wiesbaden.

Hausmann, A. (2019c). *Einführung in den Kulturtourismus. Praxis Kulturmanagement.* Wiesbaden: Springer Gabler.

Hausmann, A., & Schuhbauer, S. (2019). *Information and communication technologies (ICTs) in cultural and heritage tourism. Results of a visitor survey.* Konferenzpapier EURAM 2019 Annual Conference (1–24).

Hausmann, A., & Weuster, L. (2017). Possible marketing tools for heritage tourism: the potential of implementing information and communication technology. *Journal of Heritage Tourism, 13*(3), 273–284.

Haven-Tang, C., & Jones, E. (2005). Human resource management in tourism businesses. In J. Beech & S. Chadwick (Hrsg.), *The business of tourism management* (S. 89–113). London: Pearson Education.

Homburg, C. (2017). *Grundlagen des Marketingmanagement* (5. Aufl.). Wiesbaden: Gabler.

Kohlen, C. (2017). Vom Mahner zum Motivator. Besucherorientierung von Service- und Aufsichtskräften. In O. Scheytt & F. Loock (Hrsg.), *Handbuch Kulturmanagement* E 3.15 (S. 97–120). Hamburg: Raabe.

Laskus, M. (2018). Wie es wirklich ist … täglich tausend Touristen durch Mozarts Geburtshaus zu führen. https://www.zeit.de/2018/30/museumspaedagogin-salzburg-mozart-tourismus. Zugegriffen: 20. Mai 2019.

Meffert, H., Bruhn, M., & Hadwich, K. (2018). *Dienstleistungsmarketing* (9. Aufl.). Wiesbaden: Gabler.

Schlösserland Sachsen. (2019). Marketingverbund Schlösserland Sachsen. www.schloesserland-sachsen.de/de/marketingverbund-schloesserland-sachsen/. Zugegriffen: 20. Apr. 2019.

Steinecke, A. (2013). *Management und Marketing im Kulturtourismus. Reihe Kunst- und Kulturmanagement.* Wiesbaden: Springer VS.

Tourismus Brandenburg (TMB). (2013). Kulturtourismus in Brandenburg. https://mwfk.brandenburg.de/media_fast/4055/Leitfaden_Kulturtourismus.15995197.pdf. Zugriffen 6. Apr. 2019.

Tourismus Marketing GmbH Baden-Württemberg (TMBW). (2011). Strategische Marketingkonzeption Tourismus Marketing GmbH Baden-Württemberg. https://www.tourismus-bw.de/Media/B2B/Tourismus-Marketing-GmbH-Baden-Wuerttemberg. Zugegriffen: 4. Apr. 2019.

Tourismus Marketing GmbH Baden-Württemberg (TMBW). (2019). Über uns. https://www.bw.tourismusnetzwerk.info/ueber-uns/ansprechpartner/tourismus-marketing-gmbh-baden-wuerttemberg/. Zugegriffen: 24. Mai 2019.

Tourismus NRW e. V. (2018). Jahresbericht 2017. https://www.touristiker-nrw.de/wp-content/uploads/2018/03/Webversion-des-Jahresberichts-2017.pdf. Zugegriffen: 6. Jan. 2019.

Tourismus NRW e. V. (2019). Marketingmaßnahmen 2019. https://www.touristiker-nrw.de/wp-content/uploads/2019/02/Tourismus-NRW-Marketingplan_2019.pdf. Zugegriffen: 3. Apr. 2019.

World Tourism Organization (UNWTO) (2019a). High-Level dialogue on digital skills in tourism. http://europe.unwto.org/event/high-level-dialogue-digital-skills-tourism. Zugegriffen: 20. Mai 2019.

World Tourism Organization (UNWTO) (2019b). UNWTO Tourism Definitions. https://publications.unwto.org/sites/all/files/pdf/9789284420858.pdf. Zugegriffen: 27. Mai 2019.

springer-vs.de

Jetzt im Springer-Shop bestellen:
springer.com/978-3-658-26853-4